La Vie Privée des Hommes

- Les temps préhistoriques
- Au temps des premières civilisations
- Au temps des Anciens Égyptiens
- A Babylone
- Au temps de la Grèce ancienne
- Au temps des Hébreux
- Au temps des Empereurs Tang
- Au temps des Gaulois
- Au temps des Romains
- Histoire de l'Armée romaine
- A Pompéi
- Au temps des royaumes barbares
- Au temps des Vikings
- Aux premiers siècles de l'Islam
- Au temps des Mayas, des Aztèques et des Incas
- Des Celtes aux Chevaliers du Moyen Age
- Au temps des chevaliers et des châteaux forts
- A l'abri des châteaux du Moyen Age
- Au temps des Grandes Découvertes
- Au temps des mousquetaires
- Au temps de Louis XV et des guerres en dentelle
- A bord des grands voiliers du XVIIIe siècle
- Au temps de la Révolution française
- Au temps de Napoléon
- Au temps des premiers chemins de fer
- Au temps des Indiens d'Amérique
- Au temps de la conquête de l'Ouest
- Au temps de la Belle Epoque et des premières automobiles
- Au temps de la Grande Guerre
- Histoire des Français
- La Seconde Guerre mondiale

au temps des

Anciens Egyptiens

mise en pages : Etienne Henocq

La Vie Privée des Hommes

au temps des

Anciens Egyptiens

Texte de Pierre Miquel
Professeur agrégé de l'Université
Illustrations de Pierre Probst

Les Animaux en ce temps-là

Dossier de Paul-Henry Plantain

HACHETTE Jeunesse

AU ROYAUME DES DIEUX

On appelait jadis l'Egypte "La Noire". Par opposition à la terre ocre des plateaux, au sable blond des déserts, la vallée du Nil, enrichie par les alluvions venant de l'intérieur de l'Afrique, semblait en effet très sombre.

UNE VALLÉE PLANTUREUSE.

La plaine du Nil était extraordinairement riche. Chaque année, quand le niveau du fleuve descendait, il fallait se hâter d'en cultiver le limon. Les premiers agriculteurs travaillaient d'arrache-pied de novembre à mai. Les paysans descendaient de leurs villages et remettaient en état les digues et les canaux qui permettaient, à la saison sèche, d'irriguer. Ils préparaient les très abondantes moissons qui faisaient des premiers Etats égyptiens d'immenses greniers à blé.

Fixés dans la vallée, les cultivateurs venus du Soudan, d'Asie occidentale ou des déserts de l'Afrique du Nord, apprenaient à éloigner des rives les redoutables crocodiles, à apprivoiser les serpents du désert, à domestiquer les bovins, les moutons et, plus tard, les chevaux. De la première cataracte du Nil jusqu'à son delta (ce qui équivaut à 850 kilomètres), la vallée heureuse devait abriter les premières communautés politiques organisées dans le monde.

On estime que l'Egypte entre dans l'Histoire au début du IIIe millénaire avant notre ère, quand un chef légendaire, le "pharaon" Ménès soumit à son autorité l'ensemble de la plantureuse vallée. Ayant réuni dans sa main les provinces de Basse et de Haute-Egypte, il aurait régné à Memphis, la capitale des deux pays.
Le roi était considéré comme une sorte de dieu vivant dont les hauts faits se transmettaient par l'écriture : les Egyptiens gravaient sur la pierre des signes demeurés longtemps mystérieux, les hiéroglyphes, mais que nous pouvons aujourd'hui déchiffrer.

De 2800 à 2300 avant J.-C., les pharaons de l'Ancien Empire régnaient sur un pays prospère, à l'abri des invasions ou des incursions des gens du désert. Ils portaient des noms étranges (Pépi, Chéops, Chephren...) et se faisaient déjà représenter en pied par les sculpteurs. Ils dirigeaient l'érection de tombeaux géants, les célèbres Pyramides. Le temps se comptait déjà en années de 365 jours, grâce à la science des astronomes. Ils disposaient de médecins, d'architectes, de prêtres et, naturellement, de fonctionnaires chargés d'engranger le blé et d'équiper les armées. L'un de ces pharaons, Pépi II, aurait régné sans troubles pendant 94 ans ...

3000 ans d'histoire avant Jésus-Christ

Vers 3000, unification de l'Egypte.

ANCIEN EMPIRE (2800-2200)
- La capitale est Memphis.
- Les pharaons se font construire de gigantesques tombeaux : les pyramides.

MOYEN EMPIRE (2000-1650)
Après une période trouble :
- Thèbes est la nouvelle capitale.
- Des expéditions partent vers le sud.
- Les Hyksos, venus du nord, envahissent le delta.

NOUVEL EMPIRE (1550-1085)
- Les pharaons étendent l'Empire vers le nord et le sud. Certains sont très connus. Ainsi Ramsès II, ou Aménophis IV et son épouse Néfertiti.
On construit les célèbres monuments de Karnak et de Louqsor et des tombes fabuleuses (trésor de Toutankhamon).
Puis l'Egypte est dominée successivement par les Assyriens, les Perses, les Grecs et les Romains.
Pendant le règne d'Aménophis III, au Nouvel Empire, la population de l'Egypte est évaluée à 9 ou 10 millions d'habitants.

Les obélisques

- Les obélisques égyptiens sont de longues pierres taillées en un seul bloc de granite.
- Ils étaient érigés par paire, le plus souvent, devant les temples.
- Sur leurs faces se trouvait gravé, en hiéroglyphes, le nom du roi qui les avait commandés.
- A Karnak, les deux obélisques de la reine Hatshepsout pèsent environ 320 tonnes et mesurent 29 mètres de haut.
- Celui de la place de la Concorde, à Paris, provient de Louqsor. Ceux de Londres et de New York, d'Héliopolis.

LA CONQUÊTE DE L'EMPIRE.

Toutefois, le bon Pépi accordait trop de confiance à ses collaborateurs ; ceux-ci finirent par se croire indépendants dans les provinces. A sa mort, ils se déclarèrent la guerre. Une longue période de malheurs s'ensuivit, qui détruisit la belle unité de l'Egypte. C'était à qui imposerait de lourdes charges aux pauvres paysans, les fellahs, pour guerroyer et détruire les récoltes sur pied ! C'était à qui volerait les terres du voisin...

Deux villes, pourtant, réussirent à maintenir l'ordre autour d'elles : Héracléopolis et Thèbes. Thèbes, ville de Haute-Egypte, l'emporta finalement et refit à son profit l'unité du pays. Le "Moyen Empire" dura de 2050 à 1650 avant J.-C. Les nouveaux pharaons de Thèbes imposèrent partout le culte du dieu Amon, qu'ils associèrent au vieux dieu Soleil des premiers Egyptiens, Râ. Ils bâtirent des temples et de superbes tombeaux. A l'est, ils édifièrent un grand mur fortifié pour être à l'abri des incursions des Asiatiques. Ils entreprirent d'assécher les marais du Fayoum, au sud-ouest de Memphis, gagnant ainsi plus de 10 000 hectares aux cultures. Tant de richesses devait tenter les envahisseurs : les Hyksos s'emparèrent de l'Egypte. De nouveau, l'Empire était mis au pillage.

Les Hyksos, en provenance d'Asie, possédaient de redoutables chars de guerre qui répandaient la terreur, attelés à des chevaux, encore inconnus alors en Egypte. Cette peuplade fut chassée par un pharaon venu de Thèbes, Kamôsé, et, en 1580, la citadelle des Hyksos fut enlevée de vive force : le Nouvel Empire commençait.

UNE UNITÉ FRAGILE.

De 1550 à 1100 avant J.-C., l'Egypte connut sa troisième longue période de paix et d'unité. Les nouveaux pharaons se lancèrent dans une politique de conquête : les Egyptiens devinrent ainsi les maîtres de la Palestine et de la Syrie ; ils remontèrent le Nil pour s'emparer de la Nubie et finirent par s'emparer de tout le Moyen-Orient. Mais pour maintenir leurs positions, ils devaient intervenir sans cesse en Asie. L'armée se trouvait toujours sur le pied de guerre, et ses expéditions coûtaient une fortune à l'Etat. Il est vrai que les mines d'Asie et des déserts à l'est du Nil et le développement du commerce, notamment avec l'Afrique noire riche en or, permettaient aux pharaons d'agrandir les villes, de construire des temples, d'attirer à leur cour des artistes de grande renommée. Les magnifiques temples de Louqsor et Karnak datent de cette époque.
De leur côté, les pharaons Toutankhamon, Séti et Ramsès II durent lutter longtemps contre des adversaires redoutables : les Hittites, venus d'Asie Mineure, qui connaissaient la métallurgie du fer. Le dernier grand pharaon, Ramsès III, dut abandonner la Palestine.

Dès lors, l'Egypte ne devait pas retrouver son ancienne puissance. Politiquement divisée, elle devenait de nouveau la proie de puissants envahisseurs : les Assyriens, qui s'emparèrent de Memphis et de Thèbes, les Perses du roi Cambyse qui conquirent l'ensemble du pays, puis les Grecs. Les Romains, au temps de César, n'eurent aucun mal à s'installer dans un pays gouverné par une femme : la célèbre Cléopâtre.

ISIS ET OSIRIS.

Ce peuple pieux adorait d'innombrables dieux, variables selon les régions et selon les époques. Certaines divinités avaient réussi à s'imposer à tous, comme Râ, le dieu-Soleil, ou Nout, la déesse-Ciel. Beaucoup d'entre elles provenaient de l'imagination des peuples de la campagne comme Thouéris, au corps d'hippopotame et à la gueule de crocodile, ou Horus, le dieu-Faucon, l'un des plus anciens cultes d'Egypte.
Osiris, dieu bienfaisant, avait été tué par son frère Seth qui jeta son corps dans le Nil. Sauvé par sa sœur Isis, qui réussit à le ranimer, Osiris, ressuscité, devint le dieu des Morts...Les dieux universels, comme Râ et Amon, étaient de terribles justiciers. Leurs prêtres détenaient une telle puissance qu'ils pouvaient parfois menacer le pharaon.

Les temples, où habitaient les dieux, faisaient l'objet de soins constants de l' Etat qui leur consacrait des fortunes. Le clergé devait en permanence leur rendre un culte. Chaque matin, le grand prêtre venait réanimer la statue du dieu en lui donnant l'accolade. On lui faisait toilette, on lui donnait des aliments. Les gens du peuple ne pouvaient approcher la statue qu'aux jours de grande cérémonie ; elle sortait alors du temple, portée par les fidèles, pour se promener, comme Amon, dans une barque sur le Nil.

Les morts ne disparaissaient pas, mais pouvaient survivre si l'on prenait soin d'embaumer leurs cadavres et de les placer dans des tombeaux appelés "champs d'éternité". On plaçait à côté d'eux des aliments et des objets. On placait sur leur poitrine le Livre des Morts, qui contenait des formules magiques destinées à sauver leur âme dans le grand voyage qu'elle avait entrepris vers l'autre monde...

L'indispensable papyrus

Il poussait en abondance dans les marais du delta du Nil :
- ses pousses étaient mangées en salade
- son cœur, transformé en " papier "
- son écorce, tressée en cordes et paniers, nattes, pagnes et sandales
- ses tiges, assemblées en légères embarcations
- en botte, il servait de flotteur
- séché, de combustible.

Le pain et la bière

Le pain était préparé le plus souvent avec de la farine d'orge, il constituait la base de la nourriture du peuple égyptien.
Un homme consommait généralement dix pains et deux jarres de bière par jour.
(la bière était fabriquée avec du pain émietté, de l'eau sucrée et des dattes qu'on laissait fermenter.)

Les différents pains de l'époque :

- galettes molles
- galettes croquantes
- petits pains creux (pour être remplis de légumes)
- pains lourds à pâte non levée
- pains ronds et croustillants.

Le bois

- Il était si rare que, pour la cuisine, on brûlait des plantes ou des bouses séchées.
- Les outils et les meubles ordinaires étaient confectionnés en bois du pays (tamaris, acacia et sycomore).
- Mais, pour les navires, le mobilier et la construction des temples et des palais, on allait chercher de l'ébène très loin vers le sud, et des cèdres du Liban, vers le nord.

LA TOUTE-PUISSANCE DU PHARAON.

Fils de dieux, interprète des dieux, dieu lui-même, le pharaon régnait sur l'Egypte. On lui devait un culte non seulement de son vivant, mais aussi, quand, enfoui dans son tombeau avec l'image de tous ses serviteurs, on lui avait ouvert la bouche pour qu'il fût immortel. Garant de l'ordre, il réglait les travaux des paysans, rendait la justice, lançait la guerre, imposait la paix. Il régnait d'une main de fer sur les fonctionnaires, vizirs, gouverneurs et scribes, représentants de son autorité. Un fonctionnaire indélicat recevait un terrible châtiment : on lui coupait le nez et les oreilles.

La famille du pharaon pouvait être très nombreuse, car il possédait plusieurs épouses. Le pharaon disposait de tous les hommes et de toutes les femmes de son Empire. Seul et unique propriétaire des terres, des biens et des animaux, il vivait du travail de centaines de milliers de paysans qui lui devaient tout. Il remerciait ses serviteurs, ses soldats, ses amis en leur distribuant des terres ainsi que les paysans qui les cultivaient ; mais ceux-là n'avaient pas le droit de les transmettre à leurs héritiers sans son accord.

Les mines, les carrières, le commerce extérieur, tout dépendait directement de lui. Ses greniers renfermaient les réserves en blé de l'ensemble du pays. Les seuls profiteurs du régime étaient les serviteurs du pharaon : les nobles, qui commandaient l'armée, les fonctionnaires, qui dirigeaient l'administration et enfin les prêtres, toujours privilégiés.

Dans la tombe de Toutankhamon, on a trouvé :

- des sièges
- un trône d'or et d'argent
- plusieurs lits
- des coffres de vêtements
- des sandales et des gants
- des vases et des statues
- de la vaisselle
- des paniers de nourriture
- des jarres de vin
- des pots d'onguents
- des coffrets
- des bijoux
- des cannes d'or et d'argent
- des sceptres
- des lampes
- un chasse-mouches en plumes d'autruche...

CONSTRUIRE POUR L'ÉTERNITÉ.

Certains paysans parvenaient parfois à acquérir de l'instruction ou à exercer leurs dons pour une activité artistique ou artisanale. Les scribes étaient souvent issus du milieu rural. Bijoutiers, orfèvres, peintres, architectes et médecins qui peuplaient les cours pharaoniques provenaient du peuple, quand ils ne venaient pas de l'étranger. Si les Egyptiens n'étaient pas de bons mathématiciens, ils faisaient cependant de prodigieux médecins : certains d'entre eux savaient pratiquer des opérations aussi délicates que l'ouverture du crâne (trépanation).

Poètes et conteurs savaient utiliser les 6 000 hiéroglyphes de l'alphabet égyptien pour raconter sur la pierre, ou sur les papyrus, les exploits des pharaons ou la vie des dieux. L'ensemble des monuments édifiés sur les rives du Nil par les dynasties successives atteste de la perfection d'une civilisation qui consacrait une énergie considérable à construire pour l'éternité. Dans un pays inondé périodiquement, battu par le vent du désert, cette volonté d'immortalité fait de l'Egypte un musée permanent des premiers temps de l'Histoire des hommes.

au temps des

Anciens Egyptiens

LA TERRE SORT DE L'EAU

Après la vendange, le vin nouveau est mis dans des jarres soigneusement bouchées par des capuchons de terre crue. Elles portent une inscription qui mentionne le millésime, la provenance et la qualité du cru (Nouvel Empire).

Avant la grosse chaleur de la journée, les paysans sont venus en foule dans le delta pour semer le blé. Il faut faire vite. Nous sommes à la mi-octobre. Le grand fleuve vient de se retirer. Depuis quatre mois, la vallée dormait sous les eaux. La terre est encore molle, le limon peut se retourner facilement. Mais dans quelques jours, il aura séché, il deviendra dur, difficile à travailler.

Dès que la terre sort de l'eau, les villages se vident, les attelages de vaches se hâtent, tirant les charrues sommaires. Dans le delta, on se contente de nettoyer la terre, très vite, à la houe. L'eau du Nil baigne encore les mottes : c'est le bon moment pour semer.

Le chadouf est un appareil à balancier, qui permet de remonter l'eau du Nil dans les canaux d'irrigation. Le seau est versé à main d'hommes. Cependant, le chadouf servait surtout pour l'irrigation des jardins.

◄ *Au rythme de la flûte, les moissonneurs coupent le blé à la faucille. Ils entassent les gerbes dans de grands filets pour les porter dans un bateau qui les transportera sur le Nil. Des enfants suivent les moissonneurs pour glaner les épis (Nouvel Empire).*

Les semeurs et les laboureurs travaillent ensemble. Quand on passe la charrue, ce n'est pas pour tracer des sillons, mais pour recouvrir le sol qui vient d'être semé. Le semeur puise la semence dans un panier d'osier qu'il a lui-même fabriqué avec des roseaux. Point n'est besoin ici de mettre les graines à l'abri pour que les oiseaux ne les mangent pas : les troupeaux de vaches ou de moutons qui suivent s'en chargent.

Quand vient le temps de la récolte, les scribes et les serviteurs des maîtres mesurent les grains au boisseau pour déterminer la part que les paysans doivent garder en semence, et celle qu'ils doivent livrer aux agents du pharaon et aux prêtres des temples.

Les premières gerbes récoltées sont offertes aux dieux. Le grain est ensuite versé dans des silos. Gare aux paysans qui essayent de détourner une partie de la récolte : les scribes les surveillent attentivement.

▲ *Ce grenier est un véritable coffre-fort. Le scribe surveille avec soin les hommes qui versent le grain par des ouvertures pratiquées dans le toit ; pour le retirer, il faut ouvrir les portes latérales, qui sont soigneusement closes. Auparavant, le grain a été foulé et vanné (second plan).*

◄ *C'est la fin de l'été : les figues sont mûres. Il faut les ramasser pour les faire sécher. Les paysans n'ont pas à se fatiguer : les singes hamadryas s'en chargent. Il suffit de les dresser pour qu'ils ne mangent pas toute la récolte ! Figues et raisins sont sur toutes les tables pendant l'été.*

DANS LES FORÊTS DE PAPYRUS

En se retirant, le Nil laisse sur ses bords de larges étendues d'eau qui forment des marécages. Des roseaux, des forêts de papyrus, des fleurs et d'autres plantes aquatiques s'y développent. Plus on descend le Nil vers la mer, plus la surface des marais est importante.

Les grands papyrus fournissent la matière première pour la fabrication des barques silencieuses et légères des pêcheurs. Mais on doit serrer très fort les cannes pour que la frêle embarcation ne prenne pas l'eau. Ces barques ne durent pas très longtemps, mais on les renouvelle facilement.

Une population de chasseurs et de pêcheurs habite ces régions. Le papyrus est leur principale ressource. Les tiges, récoltées par toute la population des villages, servent d'abord à la construction des cabanes dont les murs sont à claire-voie, à moins que les orifices ne soient bouchés avec de la boue. On confectionne aussi des cordes, avec des éléments de tiges, des cages, des paniers, des nattes. Enfin, le papyrus permet de fabriquer en nombre illimité des barques de pêche efficaces, dont certaines sont surmontées d'un mât.

Le soir, au retour, les joutes nautiques constituent le grand délassement des pêcheurs ou des mariniers. Elles dégénèrent parfois en véritables bagarres. Au premier plan, un pêcheur revient avec ses prises ; il a capturé aussi du gibier d'eau. ►

◄ *Récolte du papyrus dans les marais du delta.*

◄ *Les habitants des marais pêchent au filet, ou à la ligne, au moyen d'un hameçon. Dès que le poisson a mordu, ils l'assomment avec une massue. Les pêcheurs se déplacent le long du fleuve, dans les bosquets de papyrus, pour surprendre le poisson, leur principale nourriture.*

▲ *Une fois pêchés, les poissons sont préparés pour la conservation. On les fend en deux, on les vide, puis on les fait sécher au soleil. On prend parfois des perches géantes, les latès ; il faut deux hommes pour les porter et leur chair délicate peut nourrir tout un village.*

L'activité principale des gens des marécages est la pêche. Ils attrapent les clarias à la ligne, avec un hameçon et une épuisette ou se groupent par dizaines afin de pêcher " à la senne ", un immense filet qui permet de rabattre les poissons sur le rivage. Ils utilisent également le harpon, pour pêcher et pour attaquer les hippopotames, nombreux sur les bords du fleuve.

La chasse est une ressource d'appoint non négligeable car les oiseaux sont nombreux. Pour les capturer vivants, on tend deux filets de chaque côté d'une mare et on les rabat brusquement sur les oiseaux surpris.

Les riches pratiquent, dans les marais, la chasse au bâton de jet comme un sport. Ils lancent l'arme, qui se termine généralement par une tête de serpent, et se hâtent d'envoyer enfants et domestiques pour se saisir de la proie, car les chats sauvages et les crocodiles les guettent. Ils ne fait pas bon se baigner sans méfiance, sur les bords du Nil ...

▲ *Les nénuphars forment, avec les papyrus et les lotus blancs et bleus, les parures des rives du Nil. Il faut des fleurs pour décorer les temples et les maisons ; les jeunes filles les cueillent. Peut-être ces fleurs sont-elles destinées à orner la table du maître qui, au second plan, se promène dans une barque confortable.*

LES GARDIENS DE TROUPEAUX

Les premiers Egyptiens essayaient d'apprivoiser des animaux du désert. Ils ne réussirent ni avec l'oryx (au premier plan), ni avec les bouquetins. Mais ils continuèrent longtemps à en faire l'élevage, les engraissant avec une nourriture adaptée. ▼

Les troupeaux des temples étaient innombrables : celui du dieu Râ, à Héliopolis, comportait près de 50 000 têtes ; celui d'Amon plus de 400 000. C'est que les temples sont, en Egypte, les principaux propriétaires fonciers, avec des princes de la famille régnante, les dignitaires et, naturellement, le pharaon lui-même.

A date fixe, les fellahs doivent présenter les troupeaux pour qu'ils soient enregistrés et contrôlés. Tous les animaux domestiques sont alors réunis dans la cour du domaine, en présence des intendants. On juge de l'état des bêtes, qui doivent subir un examen sanitaire. Le nombre de veaux et celui des agneaux nés dans l'année sont notés avec précision.

Les Egyptiens, depuis le début de leur histoire, ont domestiqué le chien, précieux auxiliaire pour la chasse, ainsi que le bœuf et l'âne, dont ils se servent pour les transports. Les vaches, pauvres en lait, tirent les charrues.

Le mouton n'est apprécié que par les hommes du désert. Dans la plaine, on préfère le porc et la chèvre, dont on tire le lait servant à la fabrication des fromages.

Le coq et le cheval (venus d'Asie) n'apparurent que tardivement. Les chevaux sont attelés aux chars des combattants à l'époque de Ramsès II. Mais on ne les monte guère. L'élevage fournit à la table des riches des viandes abondantes et succulentes. Mais les pauvres fellahs, responsables des troupeaux, ne peuvent guère en profiter.

◄ *Les oies et les canards sont des mets très appréciés. Pour les paysans des villages, ils constituent des réserves de nourriture. On les gave avec du grain. Les grues cendrées (au premier plan), capturées sur les bords du fleuve, font aussi l'objet d'un élevage.*

Ces hommes ont fort à faire pour assurer à leur troupeau une traversée paisible du fleuve. Les jeunes veaux peuvent se noyer ; il faut donc les attacher aux barques. Pour éloigner les crocodiles, le passeur utilise la gaffe. Les bergers prononcent aussi des paroles magiques pour les rendre inoffensifs. Le berger qui veillera, la nuit, sur le troupeau, porte une natte en écharpe. ►

▼ *Présentation et enregistrement du bétail.*

Pour éviter les vols de bétail, très fréquents dans les fermes, le propriétaire fait marquer ses bêtes. Les animaux sont alors pris au lasso ; on leur attache les pattes deux par deux, puis on les marque au fer rouge. Les scribes comptent avec soin les bêtes du troupeau.

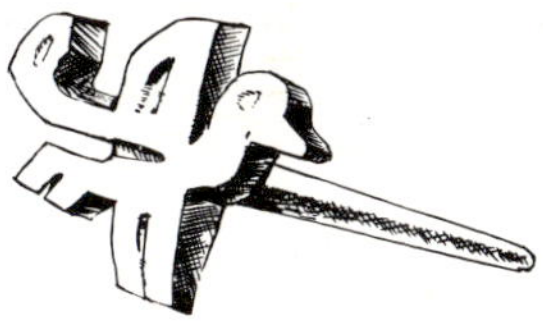

DES ARTISANS HABILES

Ces hommes ne sont pas libres : sous la surveillance d'un chef de corvée, ils construisent les murs d'enceinte d'un temple. Prisonniers de guerre devenus esclaves, ils viennent de Nubie ou de Palestine. Le travail ne présente pas de difficultés, mais il est fastidieux : sous un soleil de plomb, ces hommes malaxent la boue du Nil avec de la paille hachée. Ils moulent des briques qui, une fois séchées au soleil deviennent très résistantes. Le temple lui-même sera construit en pierre ou en brique.

Cependant, les esclaves sont rares et la plupart des métiers de l'artisanat sont exercés par des hommes libres. Les maîtres des grands domaines constituent sur leurs dépendances des centres qui rassemblent tous les corps de métiers : les brasseurs, les boulangers, les ateliers de tissage et de filature, les charpentiers, les menuisiers, les bronziers et les cordonniers, les potiers. Ceux-ci rivalisent d'ingéniosité pour donner à l'argile les formes les plus hardies.

◄ *Tous les bateaux ne sont pas en roseaux ! Ces charpentiers scient des madriers, assemblent les pièces d'une barque, creusent le tronc de la proue à l'herminette. Ils disposent de marteaux, de ciseaux, de hachettes et de haches à longs manches.*

Le papier de papyrus est fabriqué avec la moelle de la plante découpée en lamelles. Disposées en deux fines couches entrecroisées, mouillées et martelées longuement, elles forment une seule feuille qui, collée à d'autres (en général 20), constitue le rouleau de papyrus. ▼

Les Egyptiens boivent de la bière d'orge. Une femme prépare des fours en terre qu'elle va faire chauffer. On y versera de la pâte de grains d'orge ayant macéré pendant plusieurs jours. Après la cuisson, on brassera la pâte. Puis on prépare des jarres pour recevoir la bière nouvelle pendant la fermentation. ►

◄ *Les cordonniers savent confectionner des sandales en cuir de vache extrêmement fin. Les semelles peuvent être en papyrus tressé. A partir du Moyen Empire, les prêtres portent parfois des peaux de fauves, insignes de leur dignité.*

▲ *Dans un panier placé sur une jarre, un brasseur verse de la liqueur de dattes.*

Le plus souvent, les ouvriers ne manquent de rien ; on les nourrit en puisant dans les réserves, on les loge convenablement et on leur verse un salaire en nature, la monnaie n'existant pas. Parfois pourtant, la situation se dégrade. Les ouvriers, alors, se rebellent et se mettent même en grève. Certains en appellent au pharaon et le supplient de ne pas les laisser mourir de faim.

Un certain nombre d'hommes libres exercent leur métier dans les villes : les coiffeurs par exemple, qui s'installent sur les places des quartiers pour attendre leurs clients. On rencontre également dans les rues des boulangers, des cordonniers, des marchands de parfums et d'épices.

Les fileuses sont souvent d'une adresse extraordinaire : elles peuvent manier deux fuseaux en même temps ! Les tisseuses disposent d'un métier rudimentaire placé horizontalement ; elles réalisent des toiles de lin d'une remarquable finesse (Ancien et Moyen Empire). ►

TOUS LES MÉTAUX SONT PRÉCIEUX

L'or est infiniment précieux : il circule sous bonne garde. Quand il est livré sous forme d'anneaux ou de poudre fine, les scribes le contrôlent à la pesée. Cet or vient du désert séparant le Nil de la mer Rouge. Des caravanes d'ânes escortées par des archers le transportent. Ainsi les Bédouins pillards ne peuvent approcher.

Dans les mines, on creuse des puits, on construit des citernes pour éviter que les ouvriers ne meurent de soif. Personne n'a le droit de les réquisitionner, ni de toucher à l'or qui est considéré comme " la chair des dieux ". Ceux qui travaillent dans les couloirs de la mine n'ont guère la possibilité de le voir. Dans une obscurité étouffante, ils chauffent d'abord la roche pour qu'elle soit plus friable avant de l'attaquer en enfonçant dans le filon des coins de métal.

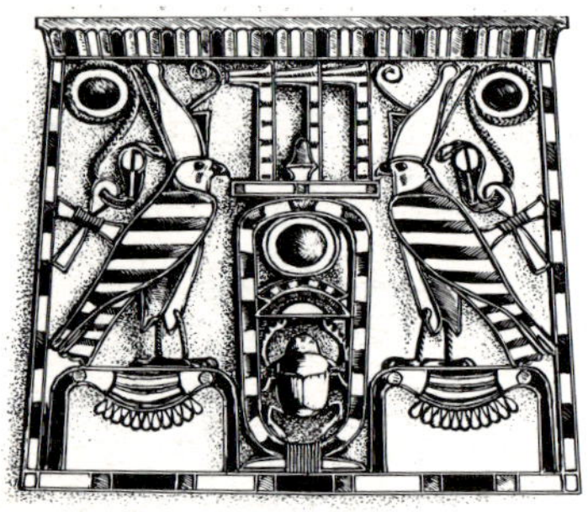

▲ *Dans le désert, on recherche activement les gîtes de pierres précieuses, en particulier les turquoises. Les bijoutiers égyptiens utilisent habilement ces pierres pour réaliser de véritables chefs-d'oeuvre. Ce pectoral est en or incrusté de lapis lazuli, cornalines et turquoises.*

▲ *Ces hommes nus sont des prisonniers qui arrachent aux roches du quartz aurifère. Des enfants rapportent ce minerai d'or à la surface. Il sera broyé dans des moulins, plusieurs fois épuré avant d'être livré aux magasins du pharaon, propriétaire de toutes les mines.*

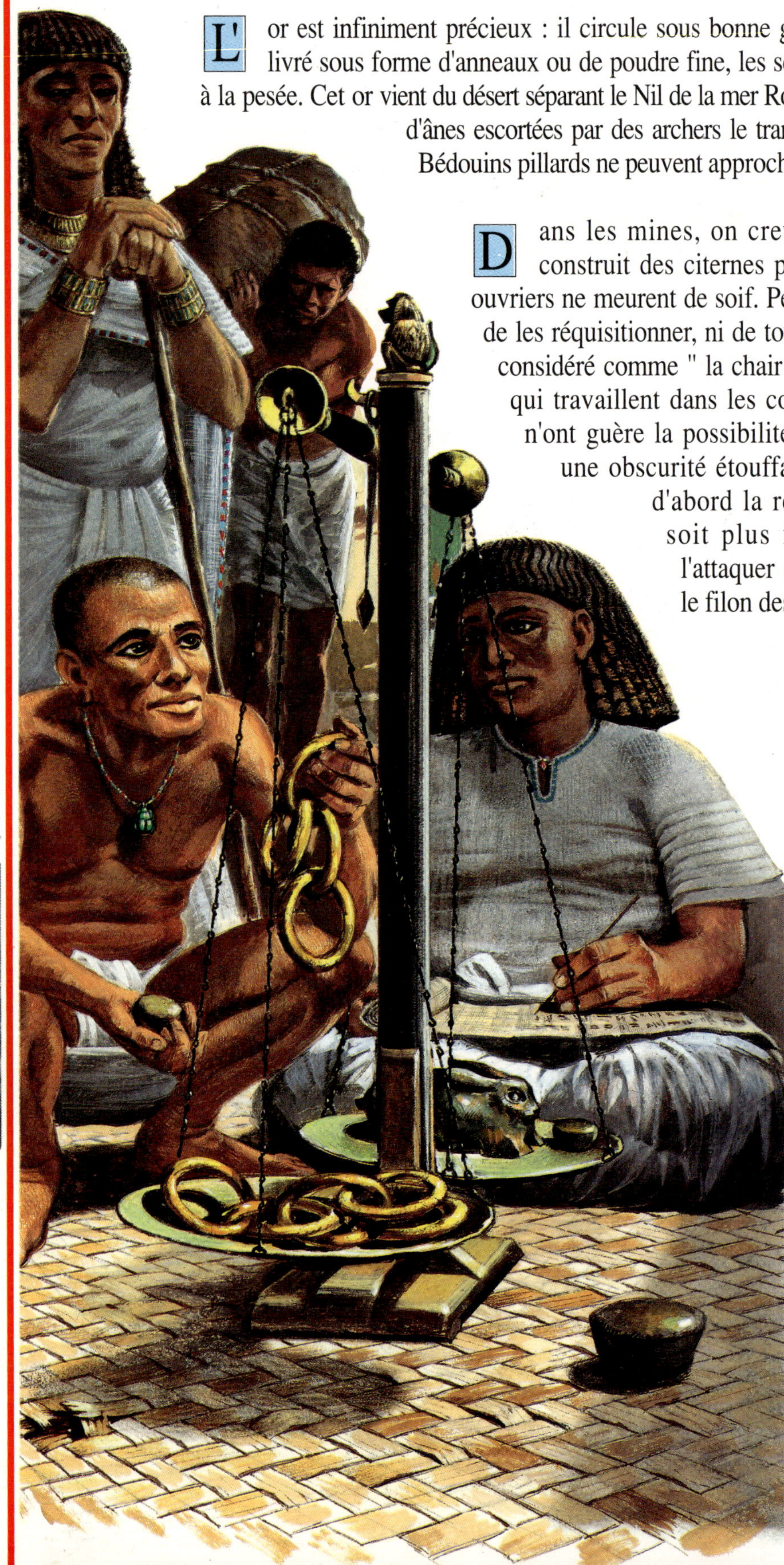

◄ *Arrivage d'or chez un grand orfèvre et pesée des anneaux.*

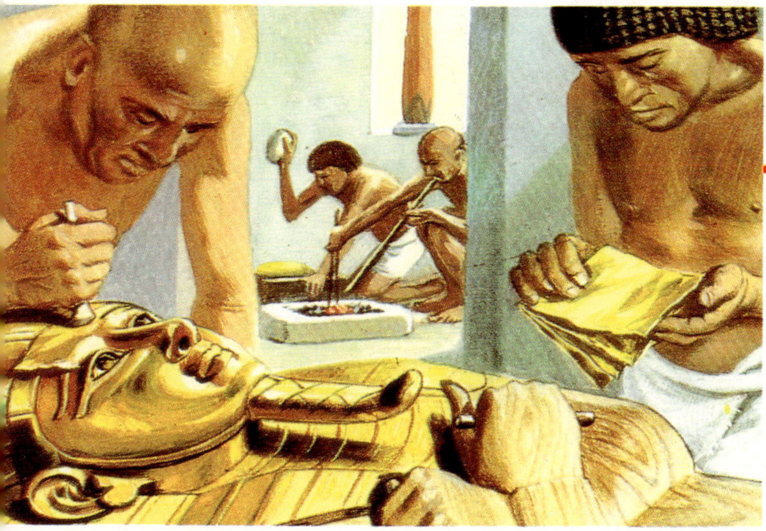

◄ Ces orfèvres ont réalisé un sarcophage. Ils vont maintenant y appliquer une feuille d'or en la modelant sur son support à l'aide d'un os, puis en la polissant avec une agate. L'image du pharaon doit être éblouissante. Rien n'est trop beau pour le dieu fait homme.

Un four à cuivre se construit avec des briques circulaires qui retiennent la chaleur. Le cuivre fondu se dépose au fond du four ; la gangue, qui reste en surface, s'écoule dans une cuvette disposée en contrebas. A gauche, un morceau de cuivre et un anneau de gangue. ▼

Mais bientôt, les mines du désert ne suffisent plus. On remonte alors le Nil pour exploiter celles de Nubie. Le cuivre et les pierres précieuses sont recherchés dans le Sinaï. Avec le cuivre et l'étain, on confectionne des armes et des outils en bronze. Les Egyptiens ne connaîtront les techniques de la fabrication du fer que vers la fin de leur histoire, au Ier millénaire avant J.-C.

Les ateliers de métallurgie appartiennent aux temples ou à l'Etat. L'or et l'argent sont destinés aux ateliers d'orfèvrerie et de sculpture. Le cuivre, qui sert à faire le bronze, va aux fabricants d'outils et d'armes, mais aussi aux sculpteurs qui façonnent des vases précieux ou des portes de temples. Les armuriers et les carrossiers recouvrent les chars de plaquages de métal. Les bronziers travaillent toujours sous la surveillance de directeurs.

Les paysans ne disposent, pendant longtemps, que de faucilles à tranchants de silex et les guerriers de lances à pointes de pierre. Les métaux sont rares et chers. Ils n'apparaîtront que progressivement dans les outils de la vie quotidienne.

A l'intérieur de ce moule géant, en argile, se trouve en creux la forme d'une porte destinée à un temple. Le moule est surmonté d'une quantité de petits godets ; les fondeurs y versent le métal en fusion par couches successives. Les gaz s'échappent et le métal prend sa forme. La fusion des lingots de cuivre, dont la forme fait songer à celle d'une peau d'animal, est assurée par de puissants soufflets actionnés sans arrêt par des ouvriers. ▼

LES ARTISTES SONT PARTOUT

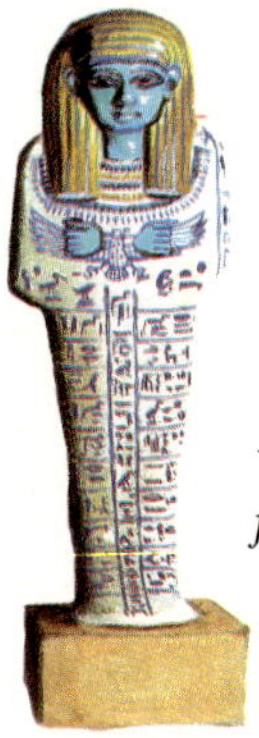

Une statuette funéraire en faïence

Une tête en or pour une momie de faucon

Dans les carrières de granit rose d'Assouan, on a trouvé un bloc immense capable de fournir aux sculpteurs l'occasion de réaliser, d'une seule pièce, la statue colossale d'un pharaon. L'œuvre est presque achevée : les artistes donnent la dernière main aux détails sous l'œil vigilant du maître des travaux ; leurs ciseaux en bronze et outils en pierre dure creusent les derniers plis du pagne.

Les polisseurs achèveront l'ouvrage. Pour transporter la statue géante jusqu'au temple, une armée de manœuvres doit entrer en action. Ils la placeront d'abord sur un traîneau gigantesque fait de madriers réunis par des traverses.

Sculpture de la statue colossale d'un pharaon.

La fabrication des vases de pierre est une spécialité égyptienne. On leste l'instrument de forage avec des pierres pour qu'il exécute un travail régulier. Des amphores, des coupes, des bols et des bassins sont confectionnés de cette manière (Ancien Empire).

Les peintres de nécropole sont au travail ; ils décorent un tombeau royal. Ils dessinent d'abord une esquisse sur un morceau de pierre (premier plan). Puis ils la reportent sur le monument. Les assistants broient "les pains" de couleur (sur l'escalier) et peignent ensuite.

Les hommes vont ensuite tirer les madriers à l'aide de quatre longues cordes sur le sol rendu glissant par des porteurs d'eau qui l'aspergent à profusion. Une foule immense assistera au départ de la statue environnée d'encens, inondée de parfums.

Les carriers fournissent aux sculpteurs sur pierre les matériaux les plus variés : le calcaire blanc au sud de Thèbes est très recherché, car il est facile à travailler. On travaille aussi le quartzite rouge, le granit rose, gris et noir, l'albâtre, et un schiste gréseux, de couleur sombre : la pierre de Bekhen (du nom d'une montagne).

Les palais, les temples et les monuments funéraires font l'objet de tous les soins des pharaons. Ceux-ci entretiennent de nombreux artisans : tailleurs de pierre, architectes, sculpteurs, peintres, bronziers.

Une palette à fard en bois et ivoire représentant une nageuse suivant un canard.

◄ *Une coupe en albâtre*

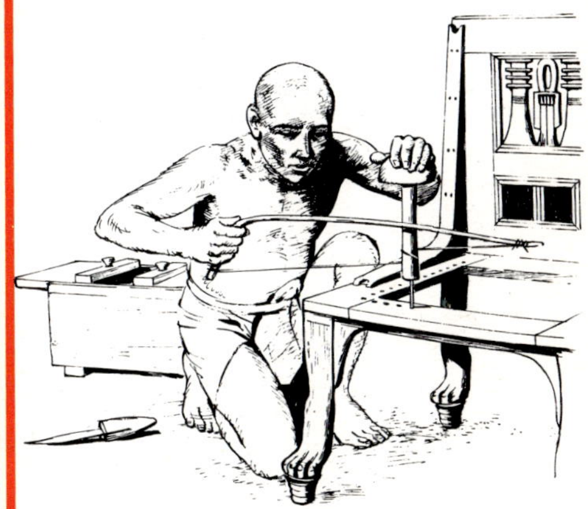

▲ *L'ébéniste a déjà réalisé la carcasse du fauteuil destiné à être paillé. Il creuse des trous dans le bois pour passer les brins. Il se sert d'un curieux foret, animé d'un mouvement régulier grâce à une sorte d'archet. Derrière l'ébéniste on aperçoit sa boîte à outils.*

◄ *Depuis le Moyen Empire, les sculpteurs exécutent sur la pierre des reliefs "dans le creux". Ils travaillent au ciseau le bloc de pierre, selon l'esquisse qu'ils y ont reportée, en suivant attentivement les contours. La pierre est ensuite polie avec soin. Les peintres, anonymes, décorent ensuite tombeaux et palais.*

DANS LES VILLES ET LES VILLAGES

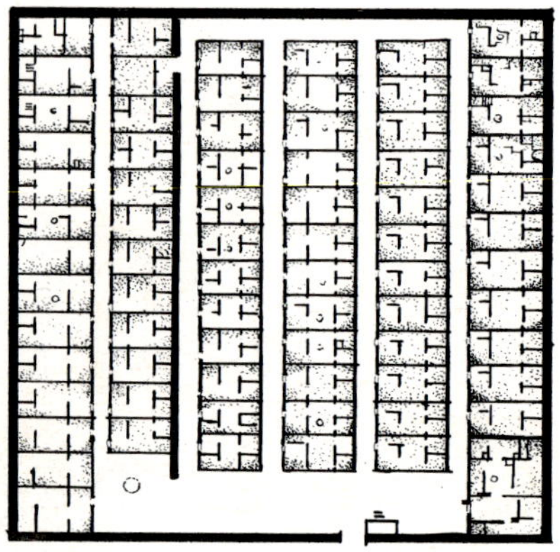

Pendant le Nouvel Empire, on construisait, pour les ouvriers, des villages en "damier" entourés d'un mur de briques. Une seule entrée donnait accès à une place pourvue d'un puits. Des rues perpendiculaires séparaient les blocs de maisons : chacune comportait quatre pièces, sauf celle, plus importante, du chef (en bas à droite).

Les villes sont rares en Egypte : la société rurale vit surtout dans des villages qui constituent des lieux de rencontres et d'échanges. Les fellahs se déplacent peu ; ils trouvent sur la place du village, à dates fixes, des marchands qui leur fournissent les produits dont ils ont besoin.

Seuls, les riches peuvent s'acheter des objets de luxe ; ainsi ce notable qui, sous l'Ancien Empire, se déplace en chaise à porteurs. Il est accompagné de ses animaux familiers, le chien, le singe. Les serviteurs portent dans des coffres ses affaires personnelles et naturellement sa canne, insigne du commandement.

Le village est édifié autour d'un point d'eau, quand il ne s'étend pas au bord même du fleuve. Les habitations des paysans sont sommairement faites de brique ou de boue séchée, de papyrus dans les marécages.

Le coiffeur s'est installé, sous une toile sur la place d'une ville. Les clients doivent attendre longtemps : certains s'endorment, d'autres jouent au jeu du serpent avec des dés. Une fois assis sur le trépied du barbier, ils se font laver la tête avec une eau savonneuse et tondre le crâne au moyen d'un long rasoir.

Un notable se déplac… en chaise à porteurs.

Dans les villes, l'espace le plus important est occupé par des palais et des temples. Les maisons des grands personnages, entourées d'épaisses murailles, peuvent couvrir plus d'un hectare et disposent de tous les éléments du confort : piscines, jardins, galeries à colonnades...

Les marchands et les artisans se regroupent dans les rues animées. Ils fabriquent les sandales, les vêtements, les outils et les armes. Certaines rues exhalent une odeur repoussante, celle des échoppes de tanneurs par exemple, car les peaux sèchent en plein air... Devant leurs ateliers, les potiers offrent à la clientèle pauvre du quartier leurs objets décorés.

▲ *Quand le fleuve est en crue, les femmes ou les hommes du village viennent laver le linge de maison. Ils tordent les draps de lin pour les essorer et les font ensuite sécher sur les pierres blanches de la digue. Les enfants en profitent pour pêcher dans le fleuve.*

Le marché est un troc : les Egyptiens ignorent les pièces de monnaie. Ce marchand propose du sel (les deux grandes plaques au premier plan), du bois à brûler, de l'osier... Sa cliente, en échange, lui offre des colliers de coquillages. Plus loin, un homme troque des fruits contre un lapin. ▼

LA PUISSANCE DES SCRIBES

Une tombe royale a été pillée de nuit dans la vallée des Rois. C'est une grave affaire : des coupes en or, des vases en argent ont été volés. Le vizir s'est dérangé en personne pour interroger les suspects.

La justice du pharaon ne tolère aucun recours : il possède le droit de vie ou de mort sur ses sujets. N'est-il pas un dieu ? Comment se tromperait-il ? Il est le seul à disposer du droit de grâce. Pour obtenir la vérité, le vizir utilise la torture : c'est la bastonnade, appliquée d'abord sur le dos, puis sur les pieds et les mains. Les voleurs subissent de graves condamnations : ils peuvent être envoyés dans les mines d'or ou de sel. Mais les juges, s'ils se sont trompés, encourent la colère du pharaon qui peut leur faire couper le nez ou les oreilles.

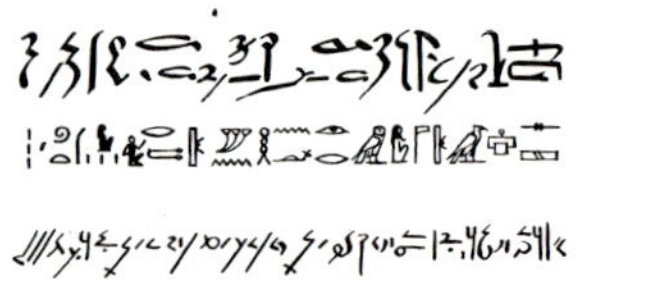

▲ *Ci dessus, de haut en bas, un texte hiératique, transcrit en hiéroglyphes, et enfin, l'écriture démotique.*

Ci contre, inscription sculptée en hiéroglyphes. A droite, le matériel du scribe : palette, calames, encriers, coffret. La palette porte le nom de son propriétaire. ►

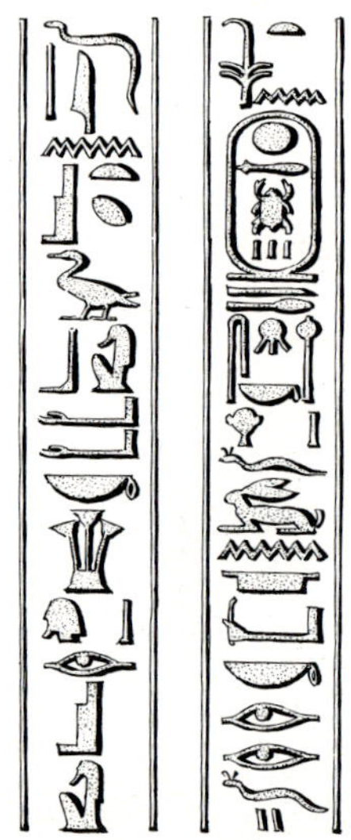

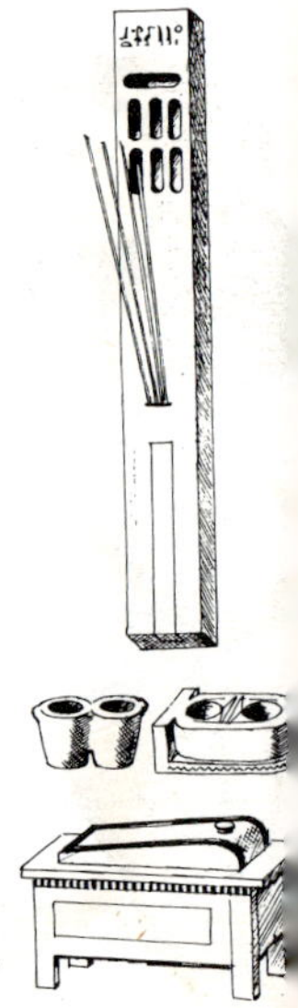

Le pharaon gouverne l'Egypte par l'intermédiaire de hauts fonctionnaires, dont les plus importants sont les vizirs de Haute et de Basse-Egypte. Ceux-ci commandent à leur tour aux gouverneurs des provinces, les nomes, qui disposent de nombreux serviteurs, les scribes, pour faire rentrer les impôts, assurer la police et la justice, effectuer les levées de soldats, assurer les grands travaux d'irrigation et le service des temples.

◄ *Le vizir mène l'enquête. Deux hommes sont accusés d'avoir pillé des tombes.*

Les paysans qui trichent sur la quantité de grains qu'ils doivent livrer aux employés du pharaon sont durement châtiés. Ils subissent parfois plusieurs dizaines de coups de bâton et reçoivent la punition la face contre terre, en présence du scribe. ➤

Ces fonctionnaires se recrutent dans la classe des lettrés, de ceux qui ont appris à lire et à écrire : les scribes sont ainsi les véritables maîtres du pays. Ils sont éduqués dans les écoles des temples et étudient durant de longues années.

Les scribes doivent être en mesure de coucher sur le papyrus les textes des traités, des mesures judiciaires, des messages du pharaon ainsi que les comptes des propriétaires terriens.

Quand ils entrent dans l'administration, ils changent souvent de services, passant de la justice à l'armée, des grands travaux au maintien de l'ordre dans les villes. Dans l'immense foule des artisans et des fellahs les scribes étaient les seuls à disposer d'une identité, les seuls dont on connaisse, encore aujourd'hui, les noms.

"L'oreille du garçon est sur son dos, disent les scribes, il écoute quand on le bat." Le bâton à la main, les scribes apprennent aux enfants les hiéroglyphes. Ici, les élèves s'exercent sur des planchettes enduites de stuc. Le papyrus, très coûteux, n'est pas utilisé à l'école. ▼

◄ *Les peuples conquis sont tenus d'envoyer au pharaon un tribut annuel, dûment calculé. Ces tributs (défenses d'ivoire, animaux exotiques, anneaux d'or, pierres précieuses), enregistrés par les fonctionnaires du vizir, sont offerts en grande pompe au pharaon.*

PHARAON : UN DIEU SUR LA TERRE

L'éducation du pharaon commence dès son jeune âge. Des maîtres très attentifs lui apprennent en particulier les sports violents, comme la chasse, un jeu de prince. Il doit devenir un champion du tir à l'arc pour pouvoir poursuivre, plus tard, sur son char, les gazelles dans le désert et les abattre.

<u>Couronnes, sceptres et symboles royaux.</u>
1 et 2 : le vautour et le cobra " uraeus ", symboles du pouvoir
3 : la couronne rouge du Delta
4 : la couronne blanche de Haute-Egypte
5 : la double couronne de Haute et de Basse-Egypte, encore appelée pschent
6 et 7 : la coiffure royale, ou némés, qui se porte sur une perruque ronde, avec une barbe postiche
8 : la couronne bleue, ou khepresch
<u>Des sceptres de différentes formes :</u>
9 : aba
10 : hedj
11 : ouas
12 : heqa
13 : le fouet neheh
14 : la couronne de reine (XIXe Dynastie)
15 : le sceptre particulier de la reine. ➤

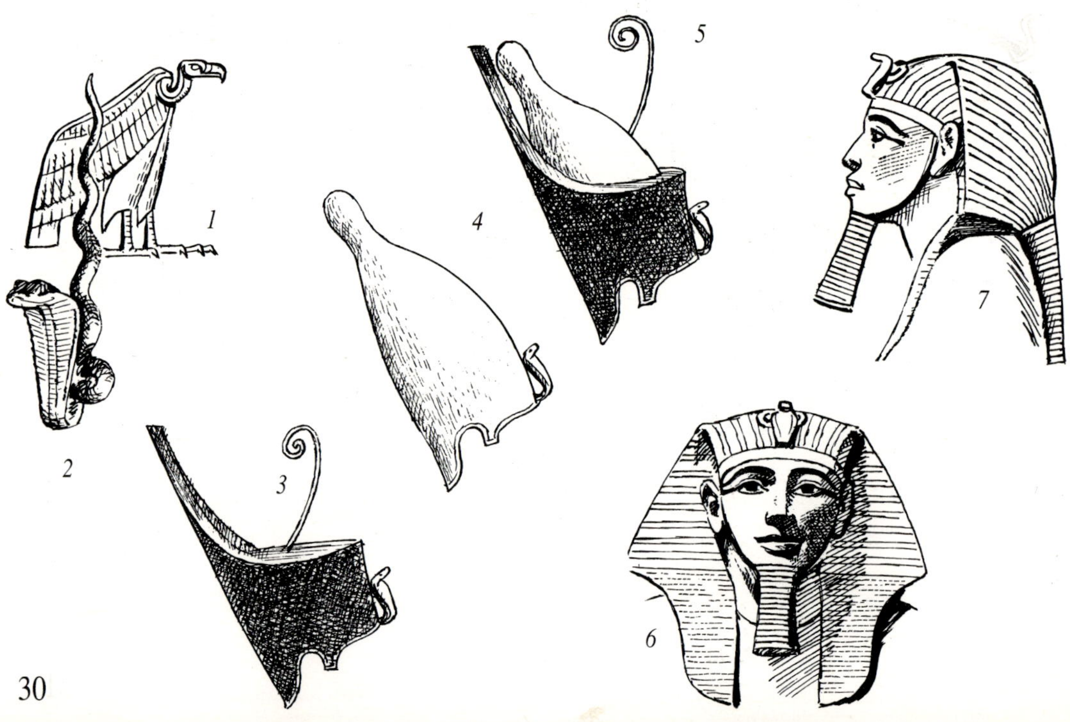

Les pouvoirs du pharaon sont religieux : on l'adore comme une divinité. Sa fonction essentielle est de se concilier, pour son royaume, les bienfaits de tous les dieux. Aussi passe-t-il une grande partie de son temps à faire entretenir et restaurer temples et sanctuaires, à construire de nouveaux édifices religieux et à rendre en personne le culte aux dieux. Dieu lui-même, il tient en main les symboles de leur puissance surnaturelle : la crosse, le fouet et, sur sa couronne, l'image du serpent, le cobra " uraeus ".

Il est tenu, en outre, de s'occuper des âmes des dieux ses pères, pour que l'ordre de la nature ne soit pas troublé. Le soleil, le Nil, le printemps dépendent des dieux : le pharaon doit être un prêtre zélé et attentif. Maître de l'ensemble de la Terre et propriétaire de l' Egypte tout entière, il est responsable de l'irrigation qui est minutieusement réglée par ses services. Il rend la justice conformément à la déesse Maat, qui l'inspire et lui souffle l'indulgence ou la sévérité.

Le pharaon doit se méfier de tout ; il redoute sans cesse la trahison des gouverneurs de provinces, qui font rentrer les impôts et lèvent les soldats pour l'armée. Le pays, de forme très allongée, comporte des distances immenses entre le delta et la première cataracte du Nil. Deux grands vizirs, dépendant directement du pharaon, surveillent en permanence ces gouverneurs. Mais ils ne peuvent empêcher les courtisans d'intriguer dans le palais royal.

▲ *Coiffé de la couronne de Basse-Egypte, le pharaon, assis en majesté sur son trône, reçoit des mains de deux prêtres la couronne de la Haute-Egypte.*

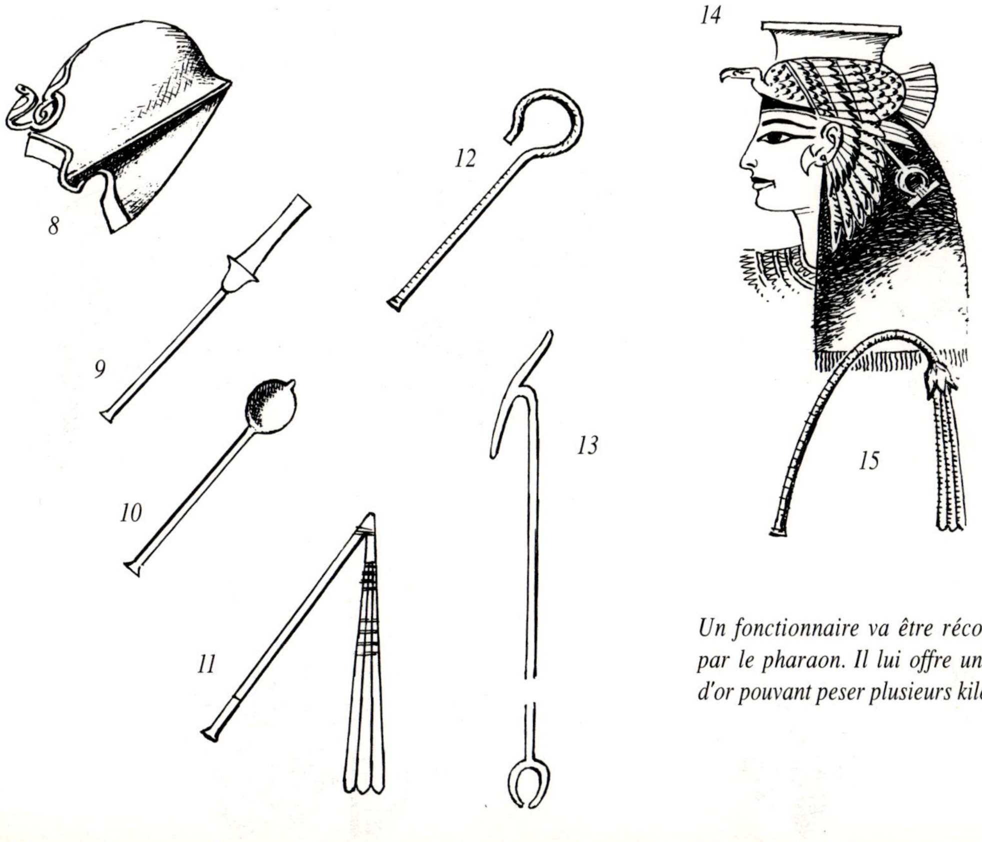

Un fonctionnaire va être récompensé par le pharaon. Il lui offre un collier d'or pouvant peser plusieurs kilos. ►

AU CŒUR DES MAISONS

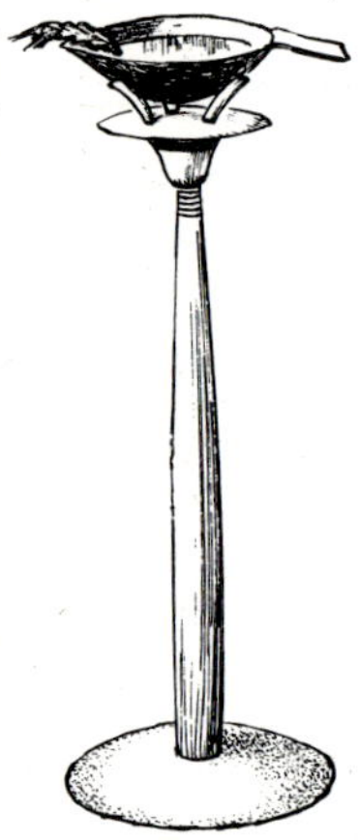

Un appuie-tête et une lampe à huile.

A l'abri d'un haut mur de briques, la maison des riches se dissimule aux regards indiscrets. On raffole alors des arbres et des animaux familiers. Sur cette terre sèche et aride, les acacias, les perséas, les saules, les dattiers, les grenadiers ou les tamaris doivent être abondamment arrosés.

Dans les jardins luxueux, l'oie familière se dispute avec la mangouste, qui fait bonne garde et empêche les serpents d'attaquer les enfants. Les chiens, des lévriers hauts sur pattes, sont tenus en laisse. On rencontre également des bassets, appelés ketket, ainsi que de nombreux chats et singes.

Les notables ont, dans leur maison, des esclaves et des serviteurs. Libres, les serviteurs doivent écouter les ordres du maître, l'accompagner dans ses sorties, lui porter ses sandales, faire place dans la rue devant lui, accueillir en son nom les visiteurs et les solliciteurs. En outre, ils l'habillent et le chaussent.

Les Egyptiens riches ont un goût très vif pour les viandes et les volailles. Dans cette cuisine de grande maison, on fait rôtir les canards et les oies à la broche, on découpe des pièces de bœuf et de mouton. Ces rôtis seront accompagnés de choux, d'oignons, de concombres...

Maison et jardin d'un notable. ▼

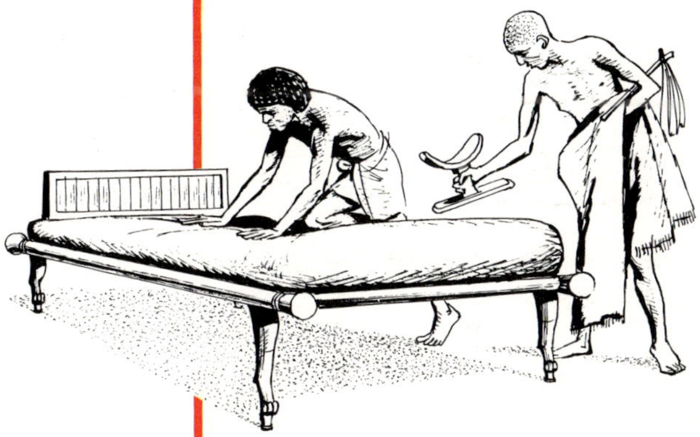

▲ *Deux serviteurs préparent le lit d'une riche Egyptienne. L'un finit d'étendre ses draps frais sur des coussins. L'autre va placer sur le lit un chasse-mouches et un appui-tête. Le bois de lit n'est fermé que du côté des pieds.*

Les femmes disposent aussi de servantes. Celles-ci s'occupent des enfants, que les familles égyptiennes possèdent en quantité. Les notables, qui ont souvent plusieurs femmes, éduquent ensemble tous leurs enfants (le pharaon Ramsès II a eu 162 enfants !). Dans les milieux les plus défavorisés, les jeunes enfants sont élevés par leur mère qui les porte contre leur poitrine, dans une besace attachée à leur cou. Quand ils quittent le sein maternel, on les nourrit de pousses de papyrus et de racines bouillies. Beaucoup meurent en bas âge. Les enfants reçoivent un nom, enregistré par les scribes. Les Egyptiens n'ont pas de nom de famille : chaque enfant porte un nom différent de celui de son père.

La maîtresse de maison est à sa toilette. La servante la coiffe, elle va la farder. La maîtresse pourra juger du résultat dans un miroir placé sur le coffret de toilette. Elle porte autour du cou une amulette pour conjurer le mauvais sort. Derrière elle, un enfant joue avec des geckos., de petits lézards. ►

JEUX ET LOISIRS

▲ *La baignade et la musique : deux distractions favorites des Egyptiens.*

Le plus ancien jeu connu des Egyptiens est le jeu du serpent. On l'appelle ainsi parce qu'il se compose d'un grand nombre de cases disposées en spirale, comme notre jeu de l'oie. Chaque joueur fait avancer trois lions et trois lionnes en lançant des boules blanches et rouges.

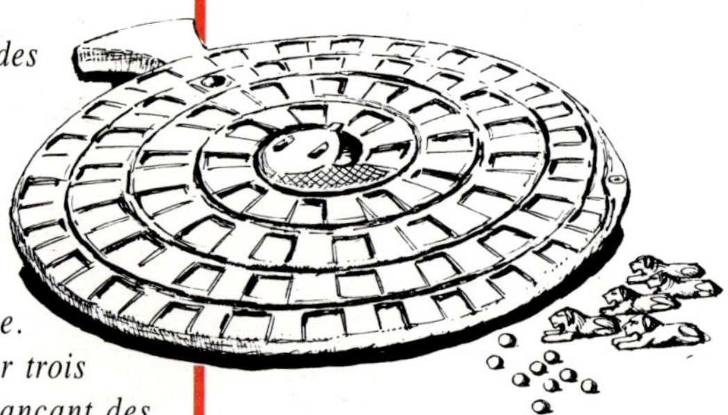

Les Egyptiens disposent de nombreux loisirs. Leurs enfants trouvent toujours le temps de se réunir pour jouer. Ils jouent au jeu de "chevreau à terre", par exemple : deux garçons s'assoient par terre, face à face, bras et jambes tendus. D'autres doivent sauter au-dessus d'eux sans se laisser attraper. On organise aussi des courses sur les genoux, les pieds pris dans les mains. Les garçons s'entraînent à la lutte, à la chasse, au lancer du javelot ou à celui des pierres. Les filles se réunissent souvent pour danser et pour se faire admirer des garçons...

▲ *Dans les écoles, on encourage les exercices physiques. Mais les enfants, très nombreux en Egypte, jouent aussi dans la rue ou sur la place du village. A gauche, le garçon accroupi doit deviner qui le frappe. Plus loin, deux enfants s'affrontent à la lutte. Les filles, qui préfèrent les jeux d'adresse, jouent à la balle sur le dos de leurs compagnes. Des garçons s'exercent aux haltères.*

Les enfants disposent, dans les familles riches, de jouets articulés en bois d'une ingénieuse fabrication : le crocodile et l'hippopotame sont les modèles les plus répandus. ▼

On confectionne aussi, en bois ou en terre cuite, des poupées pour les petites filles.

Les garçons jouent de la flûte quand les filles se baignent, généralement nues, ou vêtues de lin léger, un ruban ceignant leurs cheveux. Ils se produisent aussi à la fin des repas de famille, non seulement à la flûte, mais aussi au luth et au tambourin. Chez les riches, on gratte la harpe ou la cithare.

Les Egyptiens se retrouvent le soir pour entendre les conteurs narrer de mystérieuses histoires et réciter les légendes anciennes. Les jeunes nobles accompagnent également leur père dans leur passe-temps favori : la chasse dans le désert. Ils poursuivent antilopes et gazelles qu'ils criblent de flèches, et recherchent les œufs et les plumes des autruches. Grâce à cette activité, ils sont très jeunes entraînés comme des guerriers.

Mais les enfants des villages sont aussi habitués à tirer au bâton de jet, à attraper les poissons capturés dans les filets. Riches et pauvres vivent donc très près de la nature et partagent les joies simples de la pêche et de la chasse.

Le pharaon joue au zénet avec une femme de son harem. C'est une sorte de jeu de dames, qui se pratique sur un damier rectangulaire de 33 cases. Les pions, noirs ou blancs, ont la forme des pions de notre jeu d'échecs. La partie peut durer très longtemps. Les gens du peuple jouent aussi au zénet, en famille. ►

LES PLAISIRS DE LA FÊTE

C'est la fête chez le gouverneur ! Dans sa superbe demeure, dont la terrasse donne sur le Nil, il reçoit les invités de la province, les seigneurs des familles nobles, les fonctionnaires de passage.

Le maître de maison et sa femme se tiennent côte à côte sur des sièges bas. Devant eux, de jeunes musiciennes jouent du luth et de la flûte double. Sur leurs vêtements d'apparat, ils arborent leurs plus riches bijoux. Ils ne quitteront pas leur siège pendant toute la réception.

La fête chez le gouverneur. ▲

Deux luths dont l'un avec une caisse de résonance faite d'une carapace de tortue.

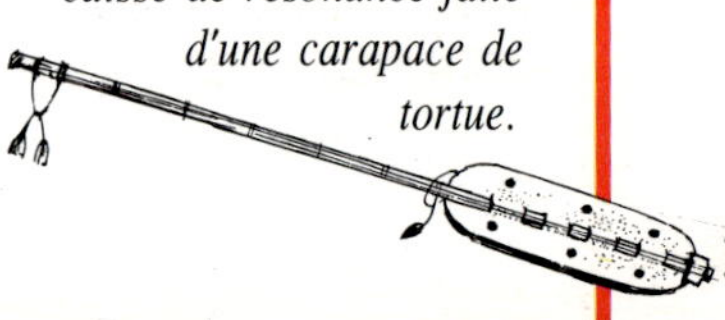

Des planchettes à entrechoquer, sculptées "en main d'Hathor".

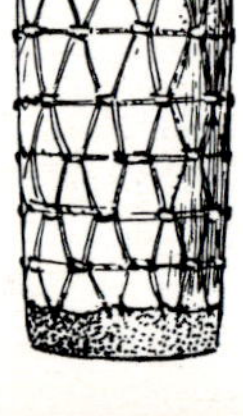

Un tambour ➤

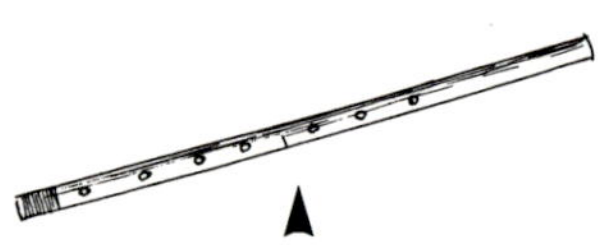

▲ *Une flûte en roseau*

Une cithare ➤

▲ *Toutes les jeunes filles des villages savent danser. La danse peut être acrobatique ; il faut alors apprendre à marcher sur les mains et à faire le "saut périlleux". Au premier plan, une joueuse de sistre dont le manche porte une tête de la déesse Hathor.*

▲ *Les instruments de musique qui accompagnent les danseuses sont très simples ; les enfants les fabriquent parfois eux-mêmes : des petites planchettes que l'on frappe l'une contre l'autre, et que l'on a taillées en forme de lotus.*

Les invités sont assis sur des nattes. Les hommes et les femmes forment deux groupes distincts ; des jeunes gens servent le premier, des jeunes filles le second. Les serviteurs parent les convives de colliers de fleurs et renouvellent constamment les cônes de graisse parfumée au sommet des coiffures. Ils massent aussi les bras des femmes et des hommes avec des onguents et des parfums.

On apporte les mets : des poissons délicats (mugues et mormyres) cuits sur feu de bois avec des plantes aromatiques, des oies ou des canards rôtis à la broche, des cailles ou des brochettes d'oiseaux. Les servantes présentent des corbeilles remplies de fruits : figues, pastèques, raisin. Les gâteaux sont nombreux, très sucrés. On boit du vin ou de la bière, en mangeant des dattes, des grenades, des fruits venus de Syrie... Les femmes et les enfants goûtent à un sirop tiré de la grenade, la grenadine.

Après le repas, on écoute le concert des harpistes et des flûtistes. Certains musiciens venus d'Asie jouent de la citare à cinq cordes. Les instruments les plus répandus sont la double flûte et le luth qui animent les danses ou accompagnent les chanteurs. Souvent, l'un des convives remercie son hôte en improvisant une sorte de poème chanté, accompagné par les musiciens. On remercie également les dieux, car les cérémonies, même familiales, ont toujours un aspect religieux.

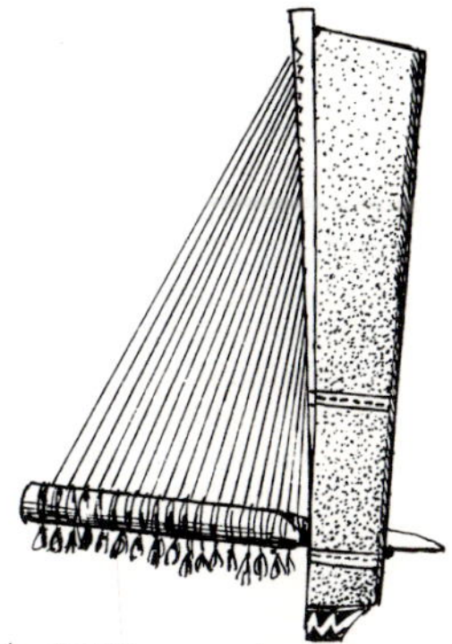

▲ *Différentes harpes : La harpe angulaire comporte vingt et une cordes, et parfois davantage.*

La harpe avec support. ▲

► *La grande harpe de cérémonie, richement décorée.*

La harpe dite d'épaule. ►

◄ *Les harpistes, dont l'un (à droite) est aveugle, tirent des sons tristes de leur instrument en forme de pelle : c'est un concert funéraire. Les chanteurs se lamentent en cadence, au son de la clarinette double et de la flûte longue, taillée dans les roseaux.*

LES SECRETS DE LA CHASSE ET DE LA PÊCHE

Une chasse à l'hippopotame. ▲

Pour purger le Nil de ses hippopotames ou de ses crocodiles, les chasseurs utilisent un harpon, monté sur une tige de bois, qu'ils enfoncent profondément dans la gueule du monstre. Celui-ci, bien sûr, brise le manche comme un fétu de paille.

Mais les chasseurs ont pris la précaution de relier le harpon à une corde très solide, équipée de flotteurs. Il suffit alors de rattraper la corde et de tirer très fort pour arriver à portée de l'animal que l'on achève avec d'autres harpons. C'est une chasse très sportive ! Grâce à leur ruse et à leur ingéniosité, les Egyptiens peuvent aussi attaquer les grands fauves qui menacent leur environnement.

Le pharaon effectue parfois un long voyage pour aller chasser. Dans le désert, il poursuit notamment le lion. En général, le souverain chasse seul, sur son char tiré par des chevaux rapides, avec ses lévriers. Il force des antilopes, des gazelles, mais néglige les hyènes.

Les paysans s'efforcent de se débarrasser des animaux nuisibles aux récoltes. Près des arbres, ils étendent un vaste filet aux mailles très serrées, dont les coins sont retenus par de grands piquets. Des enfants se tiennent tapis dans les branches. Lorsque les cailles, les loriots ou d'autres petits oiseaux fondent sur les cultures, ils lâchent brusquement les coins du filet. Puis ils se glissent dessous et cueillent, comme des fruits, les oiseaux surpris.

Les pêcheurs disposent d'un matériel très diversifié : ils connaissent les hameçons, les épuisettes, les nasses simples ou celles à deux compartiments : les poissons qui y pénètrent, attirés par l'appât, ne peuvent plus ressortir et sont capturés vivants. On pratique aussi la pêche au filet dans le marais : les poissons sont assommés avec des bâtons lorsqu'ils se faufilent à travers les mailles.

▲ *La barque des chasseurs s'est infiltrée silencieusement dans le marécage. Ils ont réussi à surprendre des canards sauvages qu'ils attaquent au boomerang. Le Delta regorge de gibier. Certaines populations se nourrissent uniquement de pêche et de chasse.*

▲ *Les lévriers sloughis, très rapides à la course, ont rabattu le gibier dans un enclos fermé par un filet ; les gazelles, les antilopes et les hyènes sont prises au piège. Les chasseurs n'ont plus qu'à les cribler de flèches. Ils les achèveront à la hache ou au couteau.*

▲ *Sous la conduite d'un maître-pêcheur, ces hommes tirent le filet qu'ils ont posé, avec des barques, à plusieurs dizaines de mètres du rivage. Le poisson, fendu et vidé, sera séché au soleil et conservé par salaison. C'est une nourriture essentielle pour les habitants des villages.*

◄ *Dans le désert, on capture les autruches pour leurs plumes précieuses. Afin d'agrémenter les parcs du pharaon et des vizirs, les chasseurs tâchent de ramener vivants les grands fauves et les gazelles : des pièges leur sont tendus dans le creux des vallées, à l'aide de filets. Les nobles poursuivent sur leur char les gazelles et les bœufs sauvages qu'ils attaquent avec leurs arcs ou à la lance.*

SUR LE NIL, UN TRAFIC INTENSE

Barque de procession. ▲

Au fil du Nil. ▼

▲ *Cette embarcation sert au transport des statues et des obélisques. Elle est remorquée par de nombreuses barques.*

Seul l'homme de barre travaille, les rameurs sont au repos. La barque descend le Nil, poussée par le vent ; elle revient de Nubie. La grande voile rectangulaire, plus large que haute, entraîne l'équipage vers le Delta. On aperçoit un petit singe à bord.

A la proue, le pilote sonde le lit du fleuve avec une perche pour éviter les bans de sable ou les rochers qui pourraient fendre la coque fragile. Quand le vent tombe, les rameurs se mettent à l'ouvrage ; le capitaine se hisse alors sur la cabine pour crier ses ordres.

On embarque des peaux, de l'ivoire, des arbustes à encens, de l'or, des singes, dans le pays de Pount (Côtes des Somalis). Ce large bateau de commerce assure le transport. Il est gréé d'une grande voile carrée, solidement fixée au mât par quatre filins, et dispose d'un équipage de rameurs. ►

Cette cabine, au centre de l'embarcation, permet aux voyageurs d'échapper au soleil implacable. Ce type de bateau comporte parfois des boxes pour les chevaux des soldats ou ceux des chasseurs nobles.

Les Egyptiens se battent peu sur mer ; leurs navires servent au commerce ou au transport des troupes. Construits en bois résistant, ils sont en mesure de transporter des statues colossales ou des blocs de marbre. L'équipage est nourri à bord, on y stocke de la nourriture et on y entrepose des jarres de bière.

Les bateaux de haute mer permettent de toucher les côtes de Syrie (où l'on trouve le bois nécessaire à la construction navale) ou les rivages des Somalis que les Egyptiens appellent le pays de Pount. Pour le passage de ces embarcations, les pharaons ont fait creuser un canal entre la mer Rouge et la Méditerranée. Ces navires ont des rames de poupe servant de gouvernail et une voile carrée à mât unique ou à mât double.

▲ *Bateau de charge pour le transport du bétail ou des céréales.*

Les pharaons envoient souvent des bateaux sur les côtes de Syrie pour entretenir des liens commerciaux ou lancer des expéditions militaires. Lorsque c'est le calme plat, on abat le mât ; la voile est détachée, rangée et l'équipage se met à la rame. Les yeux peints à l'avant du navire sont destinés à le protéger contre le mauvais sort. ▼

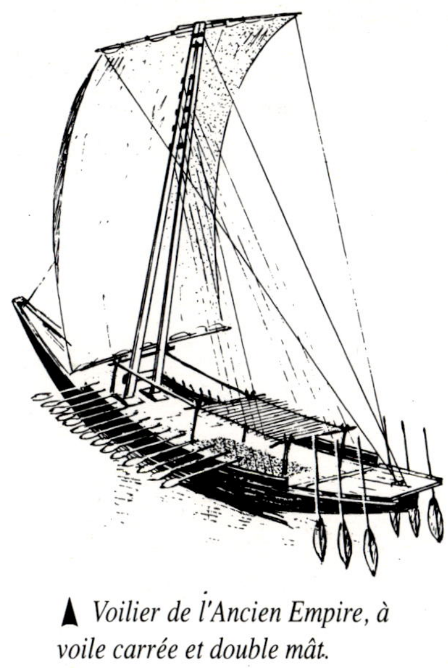

▲ *Voilier de l'Ancien Empire, à voile carrée et double mât.*

LES RICHESSES DU DÉSERT

L' *Egypte est un don du Nil* a déclaré un auteur grec. Rien n'est plus vrai. Dès qu'ils s'éloignaient du fleuve nourricier de plus de quelques kilomètres, les Egyptiens trouvaient le désert qui isolait l'Egypte du reste du monde et surtout de l'Asie, d'où venaient les bédouins, attirés par les richesses de la vallée.

Les bédouins, souvent faméliques, formaient de petites caravanes avec leurs femmes et leurs enfants, leur maigre bagage chargé à dos de mulet, car le chameau était encore inconnu. Leur soulagement était grand lorsque apparaissait la borne marquant la frontière de l'Egypte. Là, ils devaient affronter l'interrogatoire des fonctionnaires égyptiens ; mais les gens de la vallée étaient finalement assez accueillants.

Des émigrants asiatiques se présentent à la frontière de l'Egypte, marquée par une stèle. ▼

La récolte du miel dans le désert. Le maître attend, monté sur un âne et le chasse-mouches à la main, que ses serviteurs aient recueilli dans les ruches le précieux produit. Seul le miel permet de sucrer les aliments. ►

Voici 3 400 ans, le prince Thoutmosis s'était arrêté pour dormir près de la pyramide. Dans son sommeil, il entendit les plaintes du grand sphinx complètement enfoui sous le sable par les vents du désert. Devenu roi, Thoutmosis fit dégager la statue géante. ►

Une expédition a été organisée pour creuser un puits à proximité d'une piste dans le désert. Des hommes travaillent sous la protection de la police du désert. Ils remontent le sable dans des paniers. L'eau est encore loin. ▼

Les Egyptiens redoutaient le désert, empire du dieu Seth, qui était pour eux une sorte de démon malfaisant, car du désert soufflaient les tempêtes de sable. Il était aussi hanté par des animaux fantastiques et imaginaires qu'on n' évoquait pas sans terreur. Cela n'empêchait cependant pas les Egyptiens d'affronter ces redoutables solitudes. D'abord pour aller y chasser lions et antilopes, mais surtout pour y chercher des minerais. L'Etat, maître de ces mines, entretenait une police du désert pour surveiller les pistes.

Par la voie du Nil, les Egyptiens pénétraient aussi dans les régions désertiques du Sud, vers la Nubie, le Soudan actuel. Il y avait encore là des mines d'or. Dans les villages indigènes ils trouvaient à troquer leur pacotille contre des produits venus des déserts voisins ou des savanes du Sud, vers les mystérieuses sources du Nil.

◄ *Ces marchands égyptiens ont remonté le Nil au-delà des cataractes et sont arrivés dans un village nubien. Ils achètent, pour les revendre très cher dans les villes, des animaux sauvages, des peaux de léopard, des queues de girafe, des œufs et des plumes d'autruche, des plantes servant à fabriquer des parfums. Les populations noires de Nubie accueillent volontiers les marchands qui les paient avec des bijoux de pacotille et des tissus.*

LA GUERRE

Ces archers qui dansent au son du tambour sont des Nubiens engagés dans l'armée égyptienne. Quand le pharaon l'emporte au combat, il fait aussitôt marquer les prisonniers au fer rouge, comme du bétail, pour qu'ils ne puissent pas s'échapper. Puis, ils reçoivent l'instruction très sévère de l'armée égyptienne. Les officiers ne tolèrent aucune défaillance : les mauvais soldats sont punis de bastonnade.

Les scribes vont de village en village pour recruter des soldats qui seront affectés à l'infanterie, aux unités légères d'archers ou à la cavalerie des chars. Dans ce cas, ils servent d'ordonnance aux écuyers qui ont pour mission de maîtriser le char, pendant que le guerrier tire des flèches sur l'ennemi et lance ses javelots. Seuls les riches détiennent les moyens de s'offrir le char, très coûteux, et surtout les deux chevaux rapides qui le conduisent en bataille.

En campagne, les officiers et les hommes portent sur le dos les armes, les vivres et l'eau. En outre, le pharaon veille à ce que la troupe reçoive régulièrement ses vivres. On transporte ainsi sur des chariots tirés par des bœufs des réserves de viande, de pain, de gâteaux et de légumes. Mais, bien souvent, l'armée doit vivre de pillage. L'armée compte aussi dans ses rangs d'anciens captifs qui, parfois, constituent la garde royale.

Les vieux soldats ne peuvent pas devenir maîtres de char, mais le pharaon les traite bien : il leur octroie des récompenses, colliers ou pièces d'or ; à leur retraite, il les nomme chefs de polices urbaines ou les dote en maisons et en terres. S'ils gagnent les batailles, les soldats peuvent s'enrichir des dépouilles des ennemis vaincus. Cet espoir explique les enrôlements nombreux : jamais l'armée égyptienne n'a manqué d'hommes.

Une des tâches de l'armée est d'assurer la protection des caravanes. Celles-ci transportent dans le désert les lourdes charges d'or extrait des mines. Les pillards Bédouins attaquent souvent par surprise et le pharaon tient à ses rentrées d'or... ▼

▲ *Le chef du village présente au scribe, envoyé par le gouverneur de la province, les jeunes gens susceptibles de porter les armes. Le fonctionnaire va les inscrire sur la liste des recrues. Ceux qui ne sont pas en bonne condition physique sont rejetés.*

▲ *Les soldats égyptiens traversent nécessairement des déserts quand ils partent en expédition. Un des problèmes des chefs est de repérer les points d'eau, pour que la troupe en marche ne meure pas de soif. Ici, la rencontre d'une oasis dans le désert oriental.*

L'armée participe aux grands travaux. Par centaines, les soldats sont attelés au traîneau qui transporte vers un temple tout neuf la statue colossale d'un pharaon. Ils peuvent aussi participer aux travaux publics. ▼

◄ *La charrerie est l'arme noble et enviée de l'armée égyptienne : les nobles, les princes, ceux qui sortent des écoles de scribes, combattent sur les chars attelés de chevaux. Ils couchent le soir dans des camps improvisés, entourés de boucliers qui forment rempart (à l'extrême droite). Les soldats vérifient l'état des roues, pansent les chevaux, préparent le cantonnement.*

MALHEUR AUX SOLDATS VAINCUS !

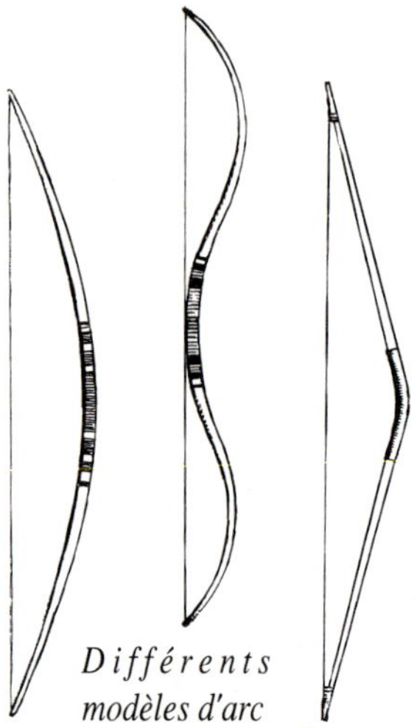

Différents modèles d'arc

Le pharaon conduit toujours la bataille. Il s'avance sur son char, entouré de ses mercenaires. Derrière lui, vient l'infanterie, lourdement équipée de piques, de boucliers, de haches...

Les hommes avancent les uns derrière les autres, en huit colonnes parallèles. Des trompettes, qui donnent des ordres par de brèves sonneries, les suivent. Puis viennent les corps d'archers et enfin les chars.

Une bataille peut regrouper plusieurs centaines de chars. Mais ceux-ci manquent de stabilité et versent facilement sur terrain pierreux. Si l'accident se produit devant l'ennemi, la seule solution est de s'enfuir en montant sur le dos des chevaux, quand on a le temps de les dételer. Les conducteurs maladroits sont durement châtiés après le combat.

La bataille commence généralement par des tirs d'archers. La charrerie charge ensuite, le pharaon en tête. Une mêlée s'engage alors, pendant que les piques de l'infanterie s'entrechoquent. En duel, on se bat avec des sabres courbes.

◄ *Après la victoire, on compte les ennemis tués en rassemblant les mains droites prélevées sur les cadavres. Ici, le pharaon, entouré de ses gardes shardanes écoute le rapport d'un scribe.*

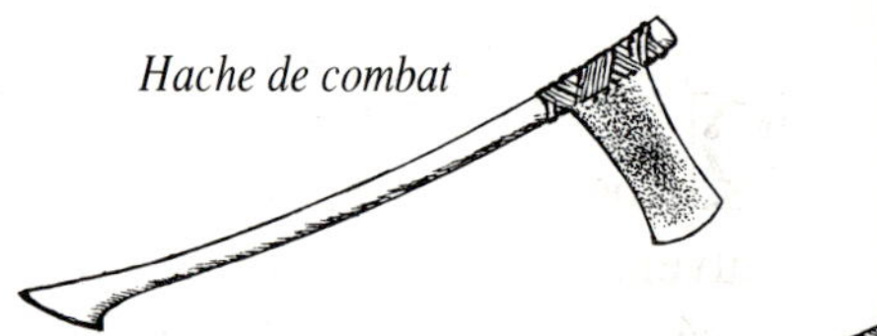

Hache de combat

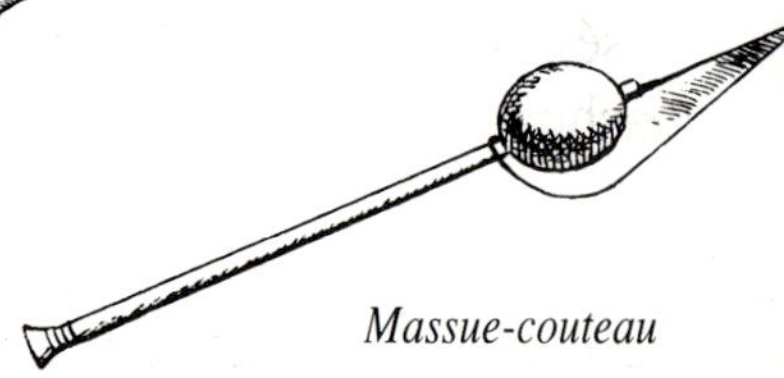

Massue-couteau

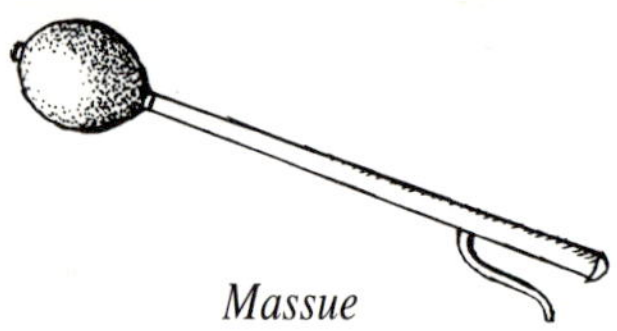

Massue

A l'issue du combat, les prisonniers sont soigneusement attachés avec des cordes. Puis, on les aligne en longues files pour les conduire en Egypte. Ils rehaussent le triomphe du pharaon lorsque celui-ci entre dans Thèbes. Les prisonniers sont par la suite enrôlés de force dans l'armée, travaillent les terres du pharaon ou construisent les temples. ►

Ramsès II, précédé de son lion, charge des Syriens.

Fer de lance

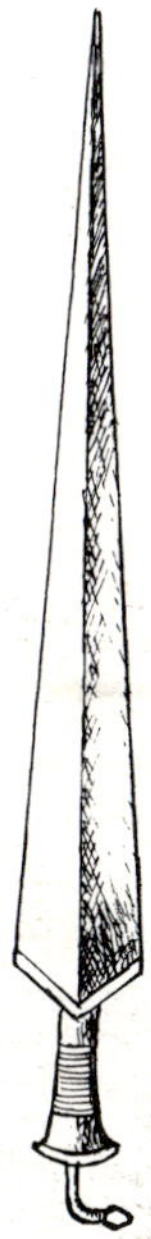

Epée

Quand l'ennemi est retranché dans une place forte, on donne le siège en criblant de flèches les défenseurs aux créneaux. On s'approche des remparts, construits souvent en bois, pour y mettre le feu. Les portes sont défoncées une fois que les fossés ont été comblés avec tous les matériaux disponibles. Il n'existe pas encore de machines de siège.

La victoire donne lieu à de grandes réjouissances, après le pillage des villes ennemies. Le partage du butin se fait méthodiquement, sous le contrôle des scribes car le pharaon donne à chacun sa part. Quant aux vaincus, ils doivent remettre au pharaon, tous les ans, une quantité déterminée d'or, d'argent, de défenses d'ivoire, et d'objets manufacturés.

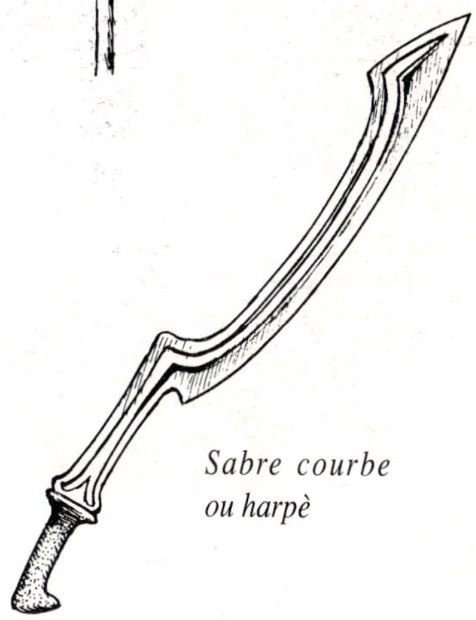

Sabre courbe ou harpè

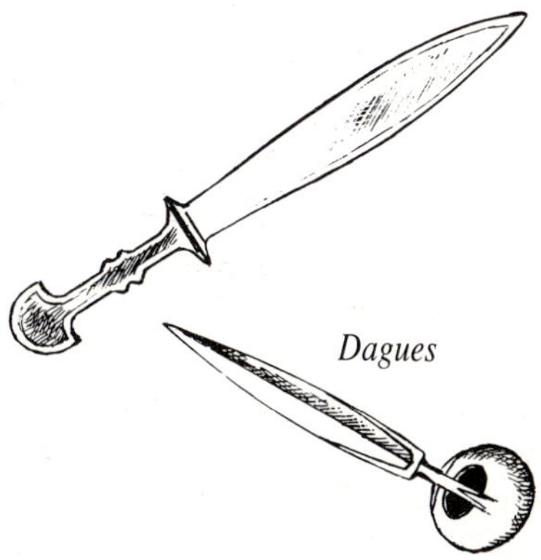

Dagues

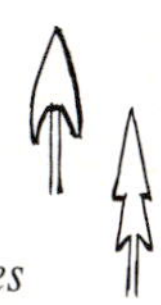

Pointes de flèches

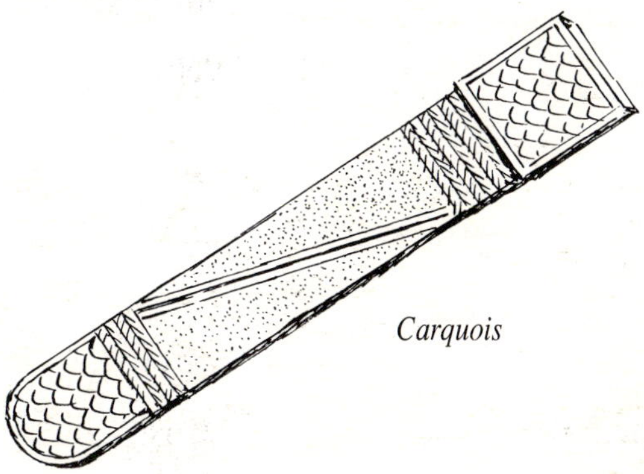

Carquois

DES DIEUX EN PROMENADE

Pendant la crue du Nil, les Egyptiens, par centaines de milliers, se rassemblent à Thèbes au temple du dieu Amon. A l'intérieur du sanctuaire, les prêtres transportent la statue divine sur un modèle de barque en bois, parée à ses deux extrémités de têtes de béliers.

Une autre barque, ornée d'une tête de femme, transportera le statue de Mount, son épouse. Une troisième barque, reconnaissable à sa tête de faucon, ira chercher la statue de Khonsou, son fils. Les dieux "sortent" ensuite du temple, cachés dans un tabernacle et portés par des hommes au crâne rasé ; ils sont précédés par des prêtres vêtus de peaux de panthère, qui répandent l'encens, et des porteurs d'enseignes et d'éventails.

Au bord du Nil, les statues sont hissées sur de véritables barques fastueusement décorées. On place les statues dans un abri construit sur le pont. Celui-ci est précédé d'obélisques et de sphinx.

Osiris a été assassiné par Seth. Mais son cadavre, porté par le Nil, fut retrouvé à Byblos, par Isis. Ressuscité, le dieu rentra à Abydos. Le culte d'Osiris, dieu de la Vie et de la Végétation, était très populaire. On arrosait ses statues pour y faire germer des graines.

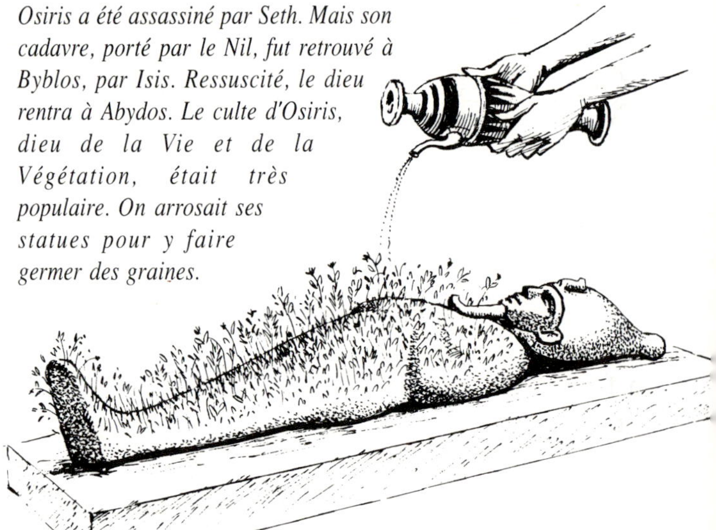

◄ *Procession de la barque d'Amon à travers le temple. L'image du dieu est cachée aux yeux du public.*

Les habitants de Memphis adorent un dieu-taureau nommé Hâpi. Un véritable taureau, dont on a soigneusement choisi la date de naissance, est introduit dans le temple du dieu Ptah. On le gave d'une nourriture succulente et, richement orné, il parcourt solennellement toute la ville. A sa mort, on l'embaume, puis on l'enterre comme un roi dans un tombeau somptueux. ▼

Cette colonne peinte et sculptée, c'est le pilier Djed, qui fut identifié à Osiris. Au cours d'une cérémonie, après quelques années de règne, le pharaon redressait ce pilier : on pense que c'était dans le but de régénérer magiquement la puissance royale. ➤

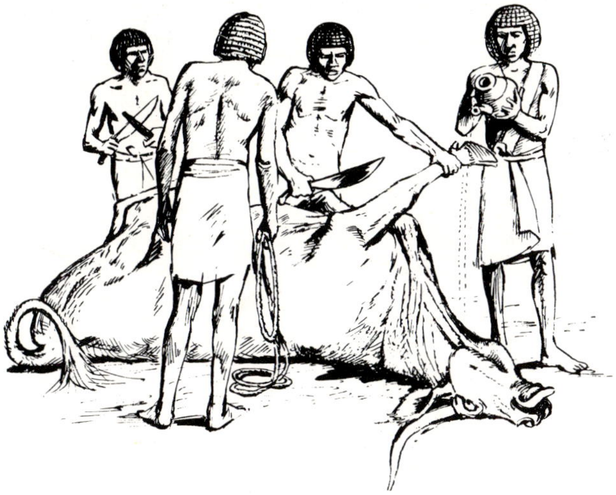

◄ *Des prêtres sacrifient, au nom du roi, un taureau sauvage dont on consommera la chair pour s'approprier les forces. Ces sacrifices, exécutés lors des fêtes ou des funérailles étaient rares.*

Les soldats en armes halent la barque sacrée jusqu'au grand fleuve, où elle est amarrée à une embarcation de rameurs. Ainsi, le dieu, suivi par sa femme et par son fils, va solennellement de Karnak à Louxor. Vingt-quatre jours plus tard, il réintègre son temple, accompagné par une foule aussi dense.

Les pèlerins, sur les rives du fleuve, chantent des hymnes sacrés et participent à des banquets. Les filles dansent. Les marchands font fortune. Puis les paysans retournent dans leur village avec le sentiment d'avoir fait le nécessaire pour que l'année soit fructueuse.

DES ARCHITECTES EXTRAORDINAIRES

▲ *A mesure que la construction s'élève, on accumule de la terre tout autour. Grâce à ce procédé et à un système de rampes, il est possible de mettre en place les blocs de pierre que les artistes pourront peindre et sculpter. La terre sera ensuite déblayée au fur et à mesure.*

Pour honorer leurs dieux et leurs pharaons, les Egyptiens veulent des temples et des tombeaux indestructibles.Il faut, pour cela, des blocs de pierre. Leur recherche est parfois conduite comme une expédition militaire. Ainsi, Ramsès IV mobilise près de 10 000 hommes pour aller chercher de la pierre de Bekhen. Un grand prêtre d'Amon l'accompagne, entouré de vingt scribes et d'un important état-major.

Outre 5 000 soldats, employés comme manœuvres, des quantités de fonctionnaires, de prêtres, d'écuyers, et même des pêcheurs chargés de ravitailler la troupe, font partie de l'expédition. 130 carriers et tailleurs de pierre choisissent et détachent les blocs qui serviront à la construction du temple et à la création des statues. A la force des bras, les blocs sont détachés un à un, évacués par bateaux sur le Nil et charriés sur des rondins de bois ou des traîneaux.

Cinq hommes travaillent sur le bloc pour lui donner les dimensions et la forme voulue par l'architecte. L'un d'entre eux mesure la hauteur, les autres vérifient la parallélisme. Au maillet et au ciseau, on enlève les aspérités du granit. ►

En dehors des temples et des tombeaux, les Egyptiens construisent pour les pharaons et les hauts dignitaires de somptueux palais. Ces édifices peuvent comporter un étage. Au centre de la façade du palais de El Amarna, du côté de la rue, s'ouvre lc " balcon aux royales apparitions ", qui communique avec l'appartement du pharaon.

Pour la fête d'Amon, le souverain s'y montre à la foule, en compagnie de la reine. Ce balcon, richement décoré, est précédé de quatre colonnes en forme de papyrus, surmontant une corniche de trois étages. L'intérieur du palais comprend des cours à péristyles, des salles à colonnes peintes ou sculptées, des chambres, des salles de bain. De vastes jardins agrémentent palais et riches maisons particulières.

◄ *Colonne campaniforme*

Colonne protodorique ▼

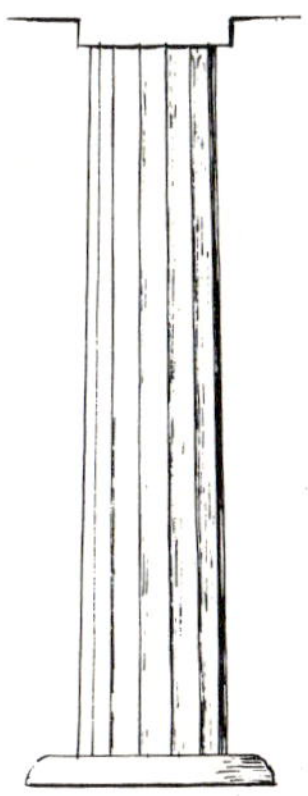

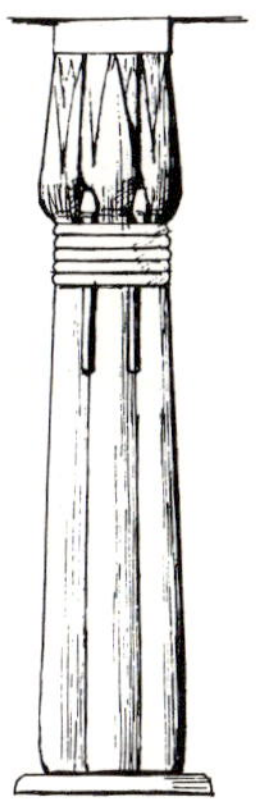

Colonne lotiforme ►

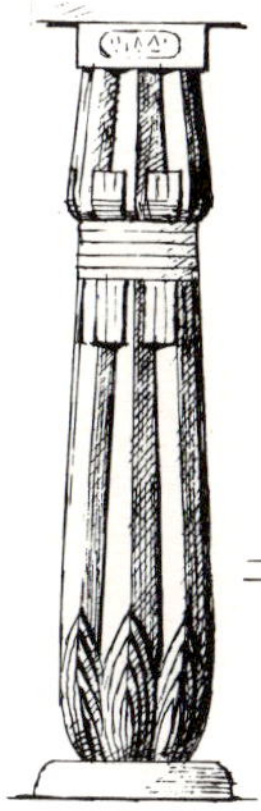

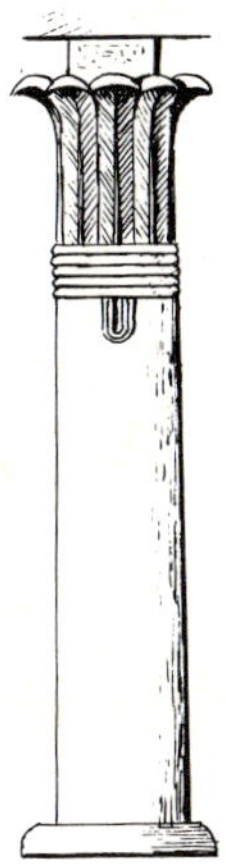

◄ *la colonne papyriforme*

▲ *Colonne palmiforme*

◄ *Colonne hatorique ornée de la tête de la déesse Hathor à oreilles de vache.*

▲ *Cette maison de l'Ancien Empire est en bois et en roseaux. Subtilement décorée, elle comporte une solide charpente. Plus tard, quand ils construiront en brique ou en pierre, les Egyptiens garderont l'esprit de ces constructions primitives.*

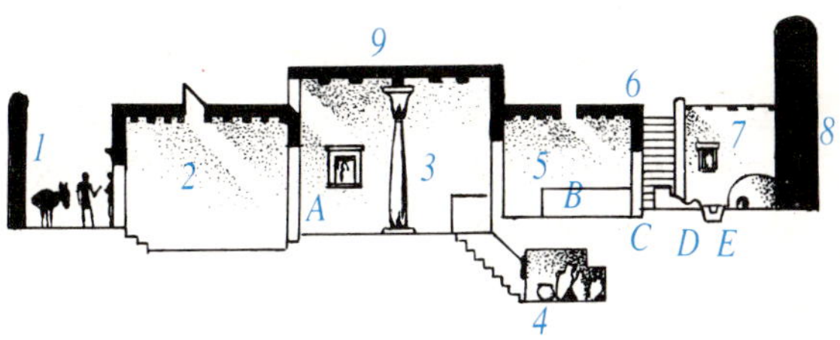

Cette pierre - du granit d'Assouan - a été percée de trous dans lesquels on a fiché des coins de bois. Une fois arrosé, le bois se dilate et la roche éclate. On peut ainsi détacher le bloic pour le transporter jusqu'au chantier de construction. ▼

Une maison d'ouvriers au Nouvel Empire :
1. rue
2. salle de réception
3. salle de séjour
4. cave
5. chambre
6. escalier
7. cuisine
8. mur d'enceinte
9. toits en terrasse
A. niche
B. divan
C. pétrin
D. mortier
E. four
◄

DES TOMBEAUX GÉANTS

Les pyramides sont de gigantesques tombeaux construits par les Egyptiens de l'Ancien et du Moyen Empire pour abriter le corps des pharaons et leur rendre un culte après leur mort.

On arrive à la Grande Pyramide de Khéops par le Nil, en accédant à un premier temple, édifié le long du fleuve. Une galerie couverte conduit à un second temple, destiné au culte rendu au souverain.

Un sphinx monumental garde les trois pyramides de Khéops, Képhren et Mykérinos, à Guizeh, non loin de Memphis. Elles furent élevées pour des pharaons de la IVe dynastie. Près du tombeau des rois, des pyramides plus petites abritent les sarcophages des reines. On compte une soixantaine de ces pyramides en Haute et Basse-Egypte.

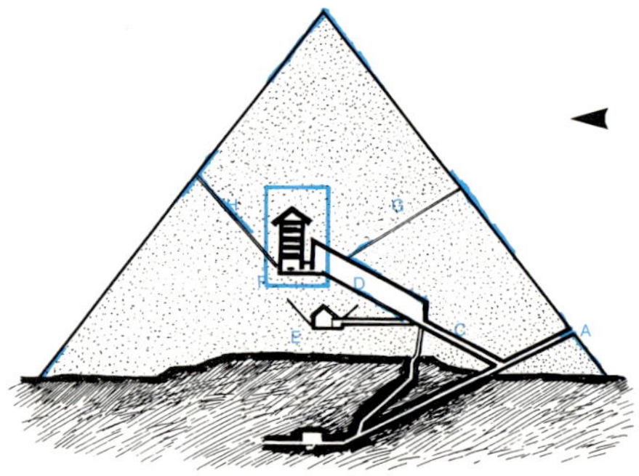

◄ *Coupe de la grande pyramide de Khéops : A) entrée ; B) galerie descendante aboutissant à un caveau inachevée ; C) et D) galerie montante et grande galerie donnant sur une première chambre funéraire, abandonnée (E), et sur la chambre du roi contenant le sarcophage (F) ; G) et H) conduits d'aération.*

Détail de la chambre funéraire du roi avec le sarcophage (F).
L) Toit de la chambre, dalles et espaces du plafond de décharge.
F bis) Antichambre des herses d'obturation.
D) Amorce de la grande galerie montante. ►

◄ *Une grande pyramide, avec son temple au bord de l'eau, sa voie couverte et son temple funéraire.*

Pour déterminer la direction du Nord, avant la construction de la pyramide, on dresse un mur circulaire parfaitement horizontal pour créer un horizon artificiel. Un prêtre se tient au centre du cercle et vise une étoile à son lever et à son coucher en utilisant un piquet muni d'une fente à son extrémité supérieure. Le Nord est exactement au centre des deux positions repérées par l'assistant à l'aide du fil à plomb et marquées sur le mur. ▼

Les proportions des pyramides de Guizeh sont considérables : 147 mètres de hauteur et 227 mètres de côté pour celle de Khéops. Leurs blocs de pierre étaient jadis revêtus de calcaire et de granit ; elles avaient un aspect lisse. Elles ont été construites grâce à l'emploi de rampes sur lesquelles on tirait les matériaux. Il fallut une main-d'œuvre très nombreuse.

De véritables expéditions sont organisées pour transporter à pied d'œuvre les millions de tonnes de pierre qu'il a fallu extraire des carrières. Les pharaons ne lésinent pas sur les moyens. Leurs tombeaux doivent être indestructibles et inaccessibles.

A et B) Autre système de verrouillage d'un couloir d'accès, par le glissement d'un bloc mobile.

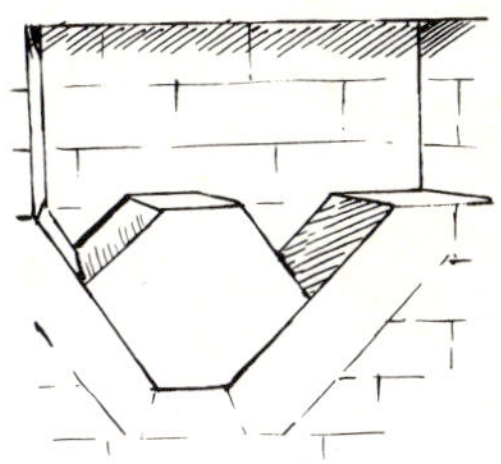

Ces pyramides se composent d'un ensemble de chambres funéraires aérées par des conduites. Les sarcophages des rois et des reines étaient déposés dans ces chambres. L'entrée de la galerie menant au sarcophage royal est tenue secrète lors de la construction. Sans doute pour décourager les voleurs éventuels, mais surtout pour protéger le repos de l'âme du roi-dieu.

Sous le Nouvel Empire, les pharaons prennent l'habitude de se faire ensevelir à l'ouest de Thèbes, dans la Vallée des Rois. Ils y construisent de superbes temples funéraires, longs parfois de 100 mètres, et dont les parois portent une décoration religieuse.

◄ *En l'absence de tout engin de levage, la construction des pyramides nécessite une nombreuse main-d'œuvre : paysans soumis à la corvée, soldats de l'armée, prisonniers de guerre utilisent des chalands sur le Nil pour amener à pied d'œuvre les matériaux nécessaires. On grimpe sur les talus par des plans inclinés. Les blocs glissent sur des traverses de bois, traînés par des cordes.*

DANS LE SAINT DES SAINTS

Les dieux sont très nombreux dans la religion populaire : plus de 700 ! Chaque région possède les siens et les conserve, même si elle adopte les dieux communs à tout le royaume : comme Rè, le dieu-soleil ; Nout, la déesse-ciel ; Amon-Rè, le dieu de Thèbes ou Horus, le dieu-faucon.

Beaucoup de ces dieux comportent des aspects animaux : la déesse Thouéris, au corps d'hippopotame et Anubis, à tête de chacal. D'autres peuvent s'incarner dans un animal, comme le taureau Apis ou le bélier Amon de Thèbes. Ces dieux protègent les hommes contre toutes les calamités qui menacent l'Egypte. Ainsi Horus chasse Seth, le vent du désert, et Osiris, le dieu ressuscité, favorise le renouveau de la végétation.

Le pharaon doit faire rendre un culte, en son nom, à chacune de ces divinités. Le culte a pour but d'assurer le dieu de la foi et de l'obéissance des hommes, mais surtout de maintenir l'ordre du monde. Les Egyptiens croient nécessaire de dire des prières pour que l'équilibre des saisons, des planètes, des forces de la vie et de la mort soit garanti par les dieux. On évite ainsi les catastrophes, on maintient vie et harmonie.

Les fidèles n'ont pas le droit de pénétrer dans le "saint des saints" des temples. Au fond de celui-ci, un tabernacle renferme la statue du dieu. Le prêtre doit se purifier, avant de procéder à la toilette de la statue. Il dépose ensuite à ses pieds des offrandes, en disant des prières. ➤

◄ *Dans ce temple, le niveau d'eau du lac sacré varie avec celui du Nil. Ce prêtre se purifie en pratiquant des ablutions.*

▲ *Des paysans apportent des offrandes au temple.*

Les temples sont la demeure des dieux : on les construit pour eux, comme on construit un palais pour le pharaon. Le rôle des prêtres est d'assurer le culte jour et nuit. Chaque matin, le grand prêtre du sanctuaire va réveiller le dieu en lui donnant l'accolade, insufflant ainsi la vie à la statue où repose son âme. Les prêtres reçoivent leur éducation dans les "maisons de vie" des temples, sortes d'écoles où ils apprennent tous les gestes, toutes les prières, tous les textes sacrés qui entourent le culte de chaque dieu. Les prêtres se succèdent de père en fils.

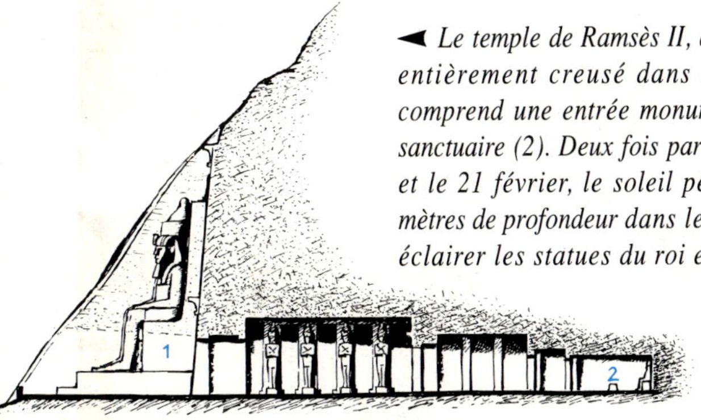

◄ *Le temple de Ramsès II, à Abou Simbel est entièrement creusé dans la montagne. Il comprend une entrée monumentale (1) et un sanctuaire (2). Deux fois par an, le 19 octobre et le 21 février, le soleil pénètre jusqu'à 60 mètres de profondeur dans le sanctuaire pour éclairer les statues du roi et des dieux.*

Coupe d'un temple du Nouvel Empire.
1 : allée des sphinx, entrée, pylônes
2 : cour
3 : salle hypostyle
4 : salle de la barque
5 : saint des saints
6 et 7 : salles annexes et entrepôts. ▼

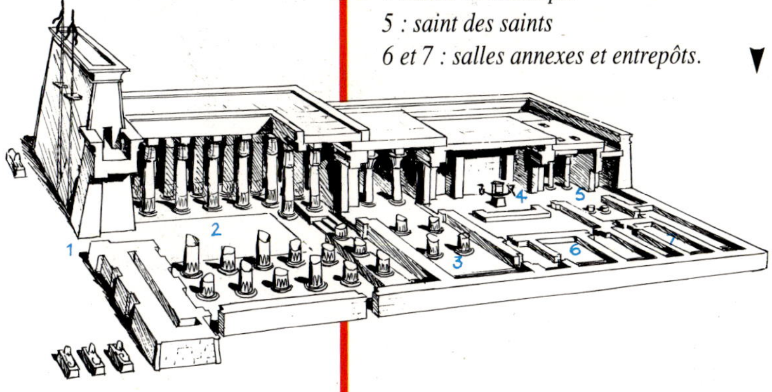

LA DEMEURE DU MORT

Les Egyptiens croient à la survie de l'âme et du corps. Chaque homme possède son "ba", âme portant ses qualités morales et intellectuelles, mais aussi son "ka", son double spirituel. Si, après la mort, on ne prend pas soin du corps momifié, le ka disparaît, car il a besoin de se nourrir pour conserver sa force vitale.

Les pharaons, puis les nobles et les riches dépensent des fortunes pour avoir un enterrement conforme à leurs croyances. Leurs corps sont soigneusement momifiés, enveloppés dans de fines bandelettes et enfermés dans un sarcophage précieux. L'image du mort se trouve sculptée sur le couvercle de pierre ou de bois parfois revêtu d'or.

A l'intérieur des sarcophages, on place des rouleaux de papyrus sur lesquels figurent des formules magiques. Celles-ci aident le mort à franchir tous les obstacles qui le séparent de l'éternel repos ; ils constituent le fameux "livre des morts".

◄ *Rite de l' "ouverture de la bouche", pendant lequel un prêtre lit des formules magiques.*

▲ *Les corps momifiés sont placés dans des sarcophages richement décorés. Le défunt est hissé sur un traîneau en forme de barque qui glisse sur le sable. Les bœufs le conduisent au tombeau creusé dans la falaise occidentale. Des pleureuses suivent le cortège funèbre.*

Les pauvres sont enterrés dans le sable, enveloppés à l'intérieur d'une natte. On creuse un trou carré et on plie les membres du mort pour qu'il puisse se reposer, couché sur le côté. Afin d'éviter que les chacals ne déterrent le cadavre, on recouvre l'emplacement d'une grosse pierre. ►

Sous l'Ancien Empire, les riches se font construire des tombeaux en brique, les mastabas. Leur statue-portrait est dressée dans un réduit muré, le serdab (à gauche). Par une étroite ouverture, le mort statufié peut assister aux cérémonies et profiter des offrandes. ▼

Après avoir été momifié, le mort subit l' "ouverture de la bouche" qui, avec l'usage de la parole, lui rend la vie et symbolise le retour du ka dans le corps. Ce rite s'accomplissait à nouveau le jour des funérailles. Sa chambre funéraires est pourvue de ressources permettant au corps de survivre : des aliments, des boissons, des meubles pour le repos, des statuettes figurant les servantes et les serviteurs. La chambre de Toutankhamon contenait des lits de repos et d'apparat, un mobilier complet, une vaisselle d'or, des chars et même des barques.

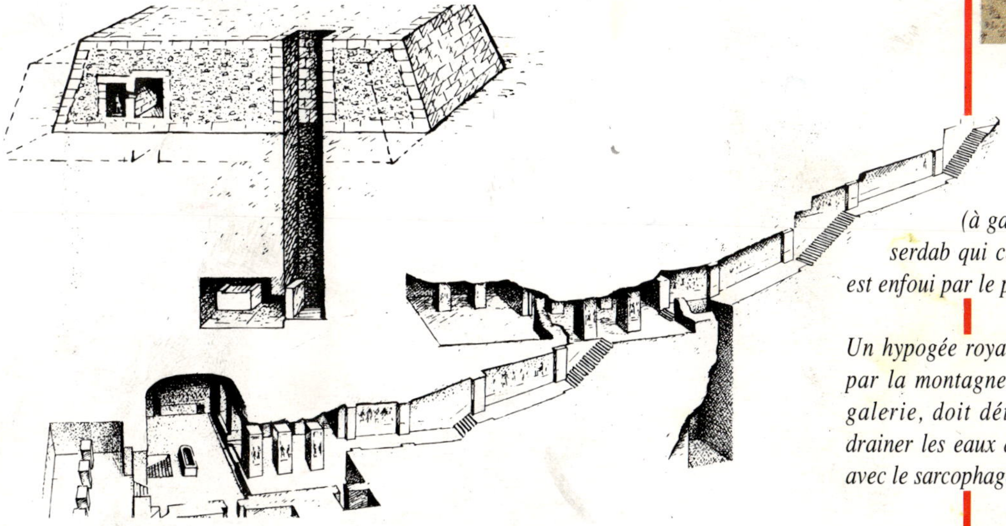

Un mastaba de l'Ancien Empire (à gauche) : en surface, la chapelle et le serdab qui contient la statue du mort ; le corps est enfoui par le puits dans le caveau souterrain.

Un hypogée royal à Thèbes (à droite) : on y pénètre par la montagne. Un puits creusé sous la première galerie, doit détourner les pilleurs de tombes et drainer les eaux d'infiltration ; la chambre funéraire, avec le sarcophage, se situe tout au fond de la galerie.

Les sujets du pharaon doivent lui fournir des offrandes, comme à tous les morts. Devant les tombes privées, ou dans les mastabas de l'Ancien Empire, un autel reçoit les volailles, les viandes, les grains de blé et les fruits dont le mort a besoin. Mais on dispose aussi des offrandes sur les humbles tombes creusées dans le sable du désert, et signalées par une simple pierre ; en effet, la religion des morts rapproche les pauvres des puissants, à égalité devant la pesée des âmes et la sentence du jugement suprême.

Pour embaumer le mort, on retire du corps le cerveau et les viscères ; les cavités sont nettoyées, remplies d'aromates et de myrrhe, puis recousues. Le corps est salé avec du natron sec, lavé et enveloppé de bandelettes de lin imprégnées de gomme. ►

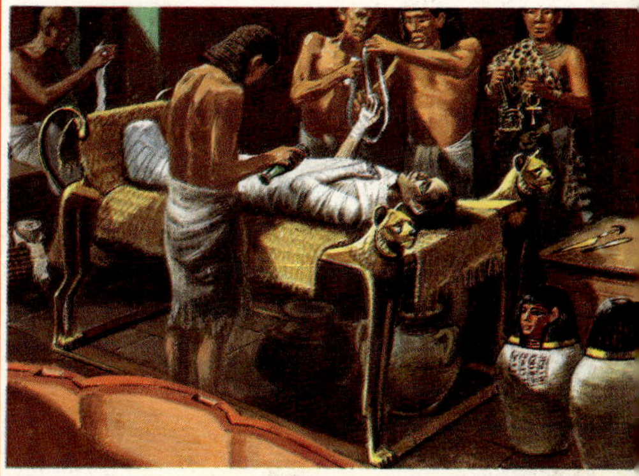

LA REPRÉSENTATION DES DIEUX

Thouéris :
déesse-hippopotame.
Bastet : déesse-chatte.
Seth :
dieu du Désert.
tah de Memphis :
ieu créateur.
Khnoum : dieu bélier.
C'est le dieu de la crue du Nil.
Thot : scribe divin.
Hathor,
sous forme de vache.
Anubis :
dieu du culte des morts.
Amon de Thèbes.
Bès : génie familier.
Hathor,
avec le sistre.

Détail du couvercle du cercueil de Petosiris. Musée du Caire Ph. ARTEPHOT / BABEY

Les Animaux en ce temps-là

par Paul-Henry Plantain

Sacrés ou utilitaires,
sauvages ou domestiques :
les animaux de l'Egypte ancienne

LE BESTIAIRE DES PHARAONS

Les animaux qui vivaient en Egypte au temps des pharaons sont probablement ceux sur lesquels nous avons le plus de documentation car un grand nombre était adoré comme divinités. Les hiéroglyphes en ont également utilisé beaucoup comme symboles et des figurines, des statues et des fresques représentant des animaux ont été retrouvées dans les sépultures pharaoniques.

DES ANIMAUX-DIEUX AUX DIEUX ANIMALISÉS.

L'adoration des animaux - et de la nature - se retrouve dans la spiritualité de nombreuses sociétés où les hommes se sentent dominés par tout ce qui constitue leur environnement. Non seulement les bêtes, mais le Soleil, la Terre, l'Eau, la Lune, le Ciel... et la Mort représentent autant de forces mystérieuses redoutées mais admirées aussi parfois pour les bienfaits qu'elles peuvent dispenser ou la force qu'elles incarnent : la férocité du Lion, la vigueur du Crocodile ou les attentions de la Vache pour son veau.

▲ *Sekmet, déesse guerrière est figurée sous les traits d'une Lionne.*

Dans la religion des Egyptiens, les dieux auxquels on rend un culte sont d'abord représentés sous une forme animale très réaliste. Puis, peu à peu, ces divinités s'humanisent pour prendre un corps d'homme. - ou de femme - dont la tête seule conserve les traits de l'animal primitivement adoré, ou même parfois un seul de ses attributs, ses cornes par exemple. On peut en déduire, en tout cas, que ces animaux-dieux appartenaient à des espèces alors très abondantes, dont certaines ont totalement disparu de la faune égyptienne actuelle.

Anubis, le dieu des Morts, avait les traits d'un Chacal. Khnoum, le créateur prolifique, était représenté par un Bélier. Thot, le dieu de la Sagesse, était tantôt symbolisé par un Ibis, tantôt par un Babouin. Hathor, déesse de l'Amour et de la Naissance, avait l'apparence d'une Vache. Sekhmet, la déesse guerrière, figurait sous les traits d'une Lionne. Thouëris, qui favorisait la fécondité et les accouchements, sous ceux d'un Hippopotame. Apis, le dieu de la Fertilité, sous ceux d'un Taureau. Horus, le dieu du Ciel, devenu ensuite le protecteur du pharaon, sous ceux d'un Faucon... D'autres animaux communs entraient également dans la mythologie égyptienne ; ainsi le Scarabée et le Vautour. Tous ces dieux entretenaient des rapports compliqués où se mêlaient les événements de la vie terrestre, les mouvements des astres, le passage dans l'au-delà... Aux très nombreux dieux s'ajoutaient les demi-dieux... et aussi les rois représentants de ces divinités, avec leurs attributs mi-divins mi-royaux, comme la couronne de Bélier, ou le serpent Uraeus.

► *Oies du Nil.*

Ph. Giraudon.

LES RACES DE CHIENS

Chien des Pharaons.

Ph. Plantain.

Les Egyptiens plaçaient parfois des chiens dans des sarcophages, mais il ne semble pas qu'ils leur aient témoigné beaucoup d'affection : aucune scène ne les représente en train de jouer avec ces bêtes ou de les caresser. Aux côtés des Lévriers hauts sur pattes, à longue queue poilue, au museau allongé et aux oreilles tombantes existait une race au poil plus court, aux oreilles droites et pointues (on s'est parfois demandé si Anubis, le dieu-chacal, n'était pas plutôt la représentation d'un de ces chiens). Les uns et les autres, en tout cas, avaient la poitrine étroite et la queue enroulée sur elle-même. Des momies de Lévriers plus petits, nommés *Ketket*, ont été retrouvés dans des sépultures de femmes, en compagnie de nains également momifiés.

Les princes préféraient aux lévriers des animaux plus prestigieux qu'ils paraient de colliers de cuir doré ornés de fleurs. Ils les appelaient " Gazelle blanche "," Oryx " ou " Seigneur ", noms qui témoignent de la fierté qu'ils accordaient à leur possession. Un autre type de chien, sans doute introduit en Egypte par les Hyksos, avait l'allure d'un molosse.

Anubis, dieu des Morts.

Ph. Vigneau - Tel.

Une race actuelle a conservé le nom de " chien des Pharaons ". Cet animal assez rare, originaire des Baléares, était couramment utilisé il y a un siècle encore en Espagne pour chasser le loup. De son vrai nom *Podenco ibicenco*, il aurait jadis été introduit dans la petite île d'Ibiza par les Phéniciens. Ce grand chien élancé, à la redoutable mâchoire, ressemble étrangement, par son allure, à l'Anubis en bois peint retrouvé dans la tombe de Toutankhamon, à Thèbes. Le dieu des Morts n'était peut être pas un chacal (animal qui, paradoxalement d'ailleurs, a la réputation de déterrer les os humains dans les cimetières), mais l'ancêtre de ce Podenco, le *Tecem*, autrement dit le " lévrier " des Pharaons à oreilles dressées.

DES SINGES ET DES OIES

Les singes peuplaient également les maisons des princes et des rois dont ils avaient la faveur, plus que les chiens, semble-t-il (cela, sans doute, parce qu'ils étaient animaux sacrés, l'image de Thot, le dieu de la Sagesse). Les méfaits qu'ils commettaient dans les vergers et les jardins ne leur valaient aucune réprimande, pas plus que ceux dont les oies du Nil se rendaient coupables (l'oie était un animal familier errant librement dans les maisons). On ne la sacrifiait pas même aux dieux ; il n'est pas impossible que l'oie du Nil appelée *Smon*, ait déjà joué ce rôle de "chien de garde" qui allait faire, beaucoup plus tard à Rome, la célébrité du Capitole.

L'ANCÊTRE DU " JEU DE L'OIE "

Ces oies, pourtant, ne faisaient pas partie du *Mehen*, le " jeu du serpent ", jeu très populaire, ressemblant fort curieusement à notre jeu de l'oie. On le jouait sur une petite table où était incrusté un serpent enroulé sur lui-même, la tête au centre, et dont le corps était découpé en cases. On ignore quelles étaient les règles du déroulement de la partie. Mais on sait que les joueurs disposaient de trois lionnes et de boules blanches et rouges, le plus souvent en ivoire, qu'ils rangeaient ensuite dans un petit coffret d 'ébène. Les Egyptiens étaient très joueurs : les nombreux jeux auxquels ils se livraient servaient parfois à trancher des différends.

Ph. Bulloz.

▲ *Bastet, la déesse-Chatte.*

UN CHAT SACRÉ AUX ORIGINES MYSTÉRIEUSES

A la Lionne Sekhmet, déesse de la Guerre, allait très vite succéder une autre divinité féline, Bastet, la déesse-Chatte. Mais on est en droit de se demander si la première était bien une lionne et la seconde une chatte. Certains zoologues, en effet, ont cru reconnaître dans Sekhmet la panthère ou le guépard, et dans Bastet une sorte de " modèle réduit " des précédents. Guépards et panthères en tout cas, comme les lions, abondaient en ancienne Egypte. Dans la mythologie, la panthère représentait couramment le Ciel. Quant à la déesse Bastet, ses allures et sa souplesse rappellent davantage celles de ce prestigieux félin que celles d'un chat.

Dès vers 2 500 avant J.-C., ces "chats"apparurent donc dans les temples où ils remplacèrent les lions apprivoisés qui les gardaient, et dans les demeures, voisinant avec les statuettes de la déesse Bastet que possédait chaque famille égyptienne. Beaucoup d'ailleurs pensaient avoir un chat pour ancêtre ; les femmes se maquillaient afin de se donner des " allures de chattes " et l'on consacrait les enfants à Bastet en leur faisant une incision au bras dans laquelle un prêtre versait quelques gouttes du sang d'un chat. Quand un chat mourait, la douleur de ses maîtres était si vive qu'ils se rasaient les sourcils en signe de deuil. On pense que le chat de race " abyssin lièvre " (ci-contre) est le descendant, ou du moins un proche parent, du chat de l'ancienne Egypte.

Ph. Plantain.

A LA CHASSE DANS LES MARAIS

Incarnant la fertilité de la terre (pour sa prolificité) mais aussi... la virginité (en raison de sa propreté), le chat n'avait pas ce rôle de " chasseur de souris "que nous lui donnons aujourd'hui. C'est aux mangoustes qu'incombait cette tâche. Les Egyptiens, en revanche, emmenaient leur chat à ce que nous appelons de nos jours la " chasse au gibier d'eau ".

Une peinture sur stuc découverte dans la tombe de Nébamon à Thèbes, et datant de 1 400 avant J.-C., représente le défunt se frayant un passage parmi les roseaux à bord d'une légère embarcation en papyrus. Sa femme et sa fille l'accompagnent, ainsi qu'un chat. Le chasseur, qui a déjà capturé trois hérons cendrés, brandit un bâton qu'il utilise comme arme de jet. Une oie du Nil sert d'appelant sur la proue. Des oiseaux, des papillons s'envolent dans toutes les directions.

Le chat, qui s'est emparé de deux oiseaux dont l'un ressemble à une mésange à longue queue, bondit sur une cane de colvert qui prend son envol. Parmi les oiseaux aquatiques représentés, on peut reconnaître aussi une aigrette. Comme les poissons, les oiseaux aquatiques, notamment les sarcelles et les canards, étaient capturés à l'aide de filets que l'on actionnait à distance après avoir attiré sur les marais les vols de passage avec des appeaux vivants.

Ph. British Museum.

LA CHASSE EN PLAINE

C'est aussi avec des filets (bien que des pièges à ressorts aient été utilisés à l'occasion), que l'on prenait les oiseaux de moindre taille. Ainsi les loriots et les rolliers qui visitaient au printemps et à l'automne les jardins et les vergers. Mais les enfants, surtout, pratiquaient cette chasse : une fois rabattus les filets qui coiffaient les arbres, ils s'introduisaient par-dessous pour saisir les oiseaux qu'ils enfermaient ensuite dans des cages.

Les cailles des blés - dont les populations sauvages ont été pratiquement décimées *(1)* - atteignaient alors l'Egypte à l'époque de leurs migrations en nuages d'une telle densité qu'ils obscurcissaient le soleil. Exténués par leur voyage, ces oiseaux se laissaient littéralement tomber sur le sol. Des chasseurs, chaussés de sandales pour ne pas s'entailler les pieds sur les chaumes, les capturaient alors sans grand mal à l'aide de filets aux mailles très serrées tendus sur d'immenses cadres de bois. Ces cadres étaient posés à même le sol.

Dès que les oiseaux se posaient, les hommes se précipitaient sur eux en agitant de grandes écharpes blanches pour leur ôter toute envie de reprendre l'air : affolées, les cailles se sauvaient en piétant… pour aller s'empêtrer dans les mailles. Ces cailles, d'ailleurs, constituaient un mets apprécié des princes comme des paysans ; même les dieux (ou plutôt leurs prêtres) ne les dédaignaient pas : Amon-Rê s'en vit offrir 21 700 sous le règne de Ramsès III, sans compter quelque 80 000 autres oiseaux…

(1) Les grands passages de cailles se sont poursuivis jusqu'au début du XXe siècle de notre ère. A la fin du XIXe, les Egyptiens exportaient encore jusqu'à 2 millions d'oiseaux chaque année. Le record de 3 millions fut atteint en 1920. Aux environs de 1930, les passages massifs de cailles avaient cessé.

LES CHASSES DES PRINCES ET DES ROIS

La chasse aux grands animaux du désert était surtout un divertissement de princes. Mais fort curieusement, à côté de ces " amateurs ", un corps de " professionnels " avait été institué par Ramsès III. La mission de ces archers était simple : capturer ou tuer le maximum d'animaux, surtout des gazelles, afin qu'ils soient offerts aux dieux. D'autres fonctionnaires royaux les accompagnaient d'ailleurs dans l'accomplissement de leur travail : les " ramasseurs ", qui raflaient tout ce qu'ils pouvaient trouver comme œufs, plumes d'autruches, ou miel sauvage.

Ces chasses, toutefois, étaient peu glorieuses, en dépit des spectaculaires tableaux qui marquaient leur fin. Rares sont en effet ceux qui osent s'engager seuls dans le désert, montés sur un char rapide en compagnie de leurs lévriers. La méthode en usage est infiniment moins dangereuse : eau et nourriture sont disposés dans une vallée étroite dont, s'il le faut, on a bloqué les accès principaux à l'aide de filets. Lièvres, gazelles, buffles, bouquetins, hyènes, autruches prennent l'habitude de s'y assembler jusqu'au jour où les hommes arrivent, avec leurs valets et leurs chiens. Les flèches pleuvent alors de tous côtés. Au retour c'est un défilé de dépouilles pantelantes que l'on rapporte, tête en bas, pendues par les quatre pieds à des perches que portent deux hommes.

Les tableaux de chasse sont impressionnants : 54 oryx, 1 bubale, 81 gazelles, encore 367 oryx, 20 000 buffles. Mais ces quelques chiffres ne représentent qu'une partie des offrandes faites à Amon durant le règne de Ramsès III !...

Le pharaon ne se commet pas lui-même dans ces aventures sanglantes. Pour assurer son prestige, sa réputation d'invincibilité, il se livre à la chasse aux animaux les plus gros et les plus dangereux. Ainsi, les scribes peuvent célébrer sa louange en contant ses exploits. Mais ces grandes espèces n'existant pas dans les déserts bordant le Nil, il va les chercher par-delà les chutes que franchit le fleuve égyptien plus au sud. Le pharaon poursuit le lion et l'éléphant monté sur son char avec, comme seules armes, l'arc et la pique, afin que l'on puisse raconter un jour sur les peintures qui orneront son tombeau : " Jamais roi n'avait fait chose pareille depuis le temps du dieu..."

SOUS LE SIGNE DU TAUREAU

Contrairement à ce que l'on imagine généralement, les Egyptiens ne vénéraient pas " le " taureau en tant que représentant mâle d'une espèce bovine bien déterminée. En fait, l'Egypte pharaonique accorda sa dévotion à trois taureaux choisis uniquement en fonction de leur pelage : Boukhis, un animal entièrement blanc dont seule la tête était noire ; Mnèvis, à la robe parsemée de taches en forme d'épis ; Apis, le plus célèbre , était noir avec deux taches blanches de formes très spéciales : l'une en triangle sur le front, l'autre en croissant, ou plus exactement semblable à un rapace aux ailes déployées sur le dos. Lorsqu'un de ces dieux-Taureaux venait à mourir, se posait évidemment le problème de son remplacement.

Après que l'on eut embaumé et placé dans un sarcophage le dieu-Taureau, une fois les soixante-dix jours de deuil " réglementaires " écoulés, les prêtres se mettaient en campagne pour lui trouver un successeur de même couleur. Ces dieux-Taureaux étaient choisis parmi des races d'animaux à grandes cornes dressées, généralement en forme de lyre, ce qui ajoutait encore à leur prestance et à leur majesté. Car les Egyptiens élevaient plusieurs sortes de bovidés qu'ils désignaient par des noms différents sans que l'on ait pu établir s'il s'agissait d'une distinction de races… ou d'embonpoint.

On élevait en effet également ces bovins pour l'attelage aux chariots et la boucherie. Le *oiua*, animal africain aux longues cornes, était engraissé soigneusement jusqu'à ce qu'il devienne énorme au point de ne plus pouvoir marcher. Le *oundjou* appartenait à une espèce plus petite, aux cornes très réduites ou même absentes. Le *nega* désignait un bœuf plus farouche, de haute taille et bien encorné. Le *ioua*, enfin, semble être un animal inapte à l'engraissement.

LES ANIMAUX D'ÉLEVAGE

C'est aux Egyptiens qu'appartient le mérite d'avoir tenté toute une série de domestications animales, les unes avec un succès qui s'est perpétué jusqu'à nous, les autres moins heureuses. Parmi ces dernières, il faut citer la hyène et probablement le lycaon dont ils voulurent faire des auxiliaires pour la chasse.

Aux côtés des bovins, on élevait des ânes servant au transport des marchandises, des porcs, des chèvres, des moutons. L'âne était considéré comme un animal impur (ainsi que le porc probablement). Porcs et moutons étaient utilisés pour enfouir le grain dans les champs demeurés longtemps immergés.

Ph. Giraudon.

Ph. Hassia.

Parmi les espèces sauvages que l'on entretenait aussi pour les offrir aux dieux, figuraient encore diverses antilopes, notamment des bubales, des oryx et des addax. Gardées la nuit dans des étables, on les lâchait dans des enclos durant la journée. Coqs et poules n'étaient pas encore connus en Egypte à cette époque (ils furent introduits aux VIe et Ve siècles avant J.-C.) En revanche les basses-cours accueillaient des palmipèdes appartenant à des espèces qui ne figurent plus dans les nôtres. Descendants d'oiseaux capturés vivants dans les marais , c'étaient toutes sortes de canards, mais aussi des sarcelles, des pélicans, des oies ainsi que plusieurs espèces de grues, dont les demoiselles de Numidie et les grues couronnées .

Depuis un millier d'années déjà les Egyptiens avaient domestiqué les pigeons. Ils furent les premiers à les utiliser comme " voyageurs ". On les comptait par dizaines de mille dans leurs pigeonniers, mais ils figuraient aussi sur les tables avec les cailles, les divers oiseaux aquatiques et la viande de bœuf ! Paradoxalement, en effet, dans ce pays dont la fertilité dépendait du Nil, la consommation du poisson était considérée par les rois comme une abomination.

En dépit des ordonnances qui allaient même jusqu'à interdire périodiquement l'usage de cette nourriture, le peuple ne s'en privait guère, ni même sans doute ceux auxquels incombait le service des temples : on relève 441 000 poissons parmi les offrandes faites à Thèbes et Memphis, et certains de ces poissons pesaient tellement lourd qu'il fallait deux hommes pour les porter.

UNE DÉFAITE BÉNÉFIQUE POUR L'AVENIR

Aux environs de 1650 avant J.-C., les Hyksos traversèrent l'Egypte. Ils l'occupèrent pendant près d'un siècle jusqu'à ce que le roi Kamôsé parvienne enfin, vers 1580, à les repousser définitivement hors des frontières. Ces conquérants étaient bien loin d'avoir atteint le degré de civilisation des vaincus mais leur présence n'en fut pas moins bénéfique pour l'Egypte : ils introduisirent dans le pays le cheval.

Ce cheval, que les Egyptiens devaient par la suite désigner comme " Le Beau ", n'était pas, à vrai dire, un modèle du genre : grand, la tête busquée, maigre, sec de croupe et d'encolure, il est représenté le plus souvent par les artistes d'alors avec le rein creux, exagérément encapuchonné et dressé au cabrer. L'animal, dès lors, va connaître une place de choix dans les cérémonies religieuses.

Cette nouvelle " conquête " va surtout modifier l'organisation militaire, sans pour autant faire des Egyptiens un de ces peuples cavaliers qui, périodiquement, vont se ruer sur cette partie du monde durant les siècles qui suivront.

C'est en les attelant à des chars très légers et sans ressorts que les Egyptiens vont utiliser leurs chevaux de guerre. L'équipage du char égyptien se compose de deux hommes : un conducteur qui manie le fouet et un soldat disposant d'un arc, de flèches et de javelines. Une fresque du temps représente Ramsès III dans la grande bataille qu'il livra aux Libyens. Le pharaon est seul à l'avant de son char, les rênes de ses chevaux passés dans sa ceinture afin de pouvoir bander son arc.

Ces chars de guerre étaient lancés en masse dans les combats : en 1250 Ramsès II en engagea 3 500 à la fois. De cette date, l'élevage du cheval réalisa de grands progrès en Egypte ; les pharaons se mirent à l'encourager en faisant venir des étalons de Syrie, en créant des haras à Memphis et à Thèbes et en exportant même leurs produits.

De ces chevaux, que reste-t-il ? A partir de ces ancêtres du cheval arabe introduits par les Hyksos, des croisements successifs donneront naissance au *berbère* (qui deviendra le barbe d'Afrique du Nord) et au *dongola,* cheval actuel du Haut-Nil que l'on trouve notamment en Erythrée, en Abyssinie et en Nubie.

◄ *Ramsès III sur son char durant la bataille contre les Libyens.*

Imprimé en Italie par GEA, Milan
Dépot légal n° 8972.01/94 - Collection n° 01 - Édition n° 04
I.S.B.N. 2.01.016576-4
Loi n° 49.956 du 16 juillet 1949 sur les publications destinées à la jeunesse - Dépôt 01.94
29/1072/7
94-I

DANS LA COLLECTION "LA VIE SECRÈTE DES BÊTES"

La préhistoire ■ Dans les bois et forêts ■ Dans le Grand Nord ■ Dans les déserts ■ Les bords de mer ■ Dans l'océan ■ Dans la savane ■ Dans les montagnes ■ Dans les lacs et rivières ■ Les rapaces d'Europe ■ A la campagne ■ Dans les jardins et les maisons ■ A la ferme ■ Les animaux invisibles ■ Les animaux et leurs petits ■ Dans les forêts vierges ■ Dans la grande prairie ■ Les animaux rares ■ Les animaux migrateurs ■ Les animaux en voie de disparition ■ Les animaux des îles ■ Les animaux bâtisseurs ■ Les animaux champions ■